KB141096

절세?
계산법에 답이 있다!

절세?
계산법에 답이 있다!

초판인쇄 ┃ 2020년 4월 9일
초판발행 ┃ 2020년 4월 16일

지은이 ┃ 나경애
편 집 ┃ 정두철
디자인 ┃ 박수연
제작지원 ┃ 토픽코리아(TOPIK KOREA)

펴낸곳 ┃ 참북스
펴낸이 ┃ 오세형
등록일 ┃ 2014.10.20. 제319-2014-52호
주 소 ┃ 서울시 동작구 사당로 188 ㈜도서출판 참
전 화 ┃ 02-6294-5742
팩 스 ┃ 02-595-5747
홈페이지 ┃ www.chamkorean.com
인스타그램 ┃ www.instagram.com/chambooksofficial
블 로 그 ┃ blog.naver.com/cham_books
이 메 일 ┃ cham_books@naver.com

ISBN ┃ 979-11-88572-20-5 13320

절세?
계산법에 답이 있다!

나경애 지음

CHAMBOOKS

차 례

CHAPTER 01 | 부가가치세 계산법

CHAPTER 02 | 종합소득세 계산법

CHAPTER 03 | 급여 계산법

CHAPTER 04

개인사업자 절세법, 20문 20답

프
롤
로
그

저는 세무사가 아닙니다.

-

20년 동안 크고 작은 사업을 하였고 세금 폭탄을 맞은 후로 세무 관련 책을 100권 이상은 읽었습니다. 자연스럽게 저만의 세무 철학이 생겼고 이를 사장님들과 공유하고자 집필을 하였습니다.

세무 관련 상담을 하다 보면, 가장 흔한 질문 중에 하나가 "절세하는 방법을 알려 주세요."입니다. 너무 광범위한 질문이라 답하기가 참 어렵습니다. 어떻게 하면 그들에게 명확한 답을 알기 쉽게 제시해줄까 긴 시간 고민을 하였습니다. 마침내 그 답을 찾고 본문에 적었습니다. 바로 세금 계산 공식에 답이 있습니다. 부가가치세부터 살펴보겠습니다.

부가가치세 = 매출세액 − 매입세액

위 공식에서 보면 알 수 있듯이 부가가치세를 적게 내려면 매입세액이 커야 합니다. 달리 표현하면 매입이 많아야 합니다. 조금 더 바른 표현은 올바른 매입을 통하여 매입세액을 공제를 최대한 받아야 한다는 것입니다.

종합소득세도 살펴보겠습니다. 부가가치세보다는 조금 복잡하나 어렵지는 않습니다.

수입금액 − 필요경비 = 소득금액
▶ 이 공식으로 소득금액을 계산한 후에 소득 공제를 받습니다.
소득금액 − 소득공제 = 공제된 소득
▶ 공제된 소득이 계산되었으면 일정 세율을 곱합니다. 세율은 공제된 소득금액에 따라 상이합니다. 자세한 내용은 본문에서 다시 얘기하겠습니다.

공제된 소득 × 세율 = 산출 세액

▶ 산출 세액이 결정되었으면 세액공제를 받습니다.

세액 − 세액공제 = 납부세액

▶ 총 4단계 과정을 거친 후 종합소득세가 결정됩니다.

위 공식에서 보면 알 수 있듯이 종합소득세를 적게 내려면 필요경비가 많아야 하고, 소득공제를 많이 받아야하고, 세액 공제를 많이 받아야 합니다. 초록색으로 표시된 부분이 커야 세금은 줄어듭니다. 답은 나와 있습니다. 초록 부분을 조금만 더 깊이 있게 배우면 절세는 이루어집니다. 본문에서 사례를 통해 초록 부분을 최대한 쉽게 다루어 드리겠습니다.

그리고 급여 계산법입니다. 같은 급여를 지급했는데 누구는 최저임금법 위반으로 노동청에 고발을 당합니다. 근로기준법은 근로자를 위한 법이기에 노동청에 고발을 당하면 어쩔 방법이 없습니다. 미리 알아야 합니다. 전혀 어렵지 않습니다.

마지막으로 수년간의 상담 사례 중 개인사업자 사장님들이 꼭 알아야 할 절세법을 20문 20답의 형태로 4장에 실었습니다. 많은 사장님들이 가장 많이 질문한 내용만을 선별했습니다.

  숫자만 생각하면 머리가 지끈거리나요? 참 다행인 것은 세금 계산법은 중학생 정도의 지식만 있으면 가능하다는 것입니다. 사장님도 충분히 절세를 할 수 있습니다. 이 책 내용만으로 엄청난 돈을 절세할 것입니다.

🔅 주요 절세 용어

- **간이과세** 영세 사업자의 납세 편의와 행정 절차 간소화를 위하여 도입한 부가가치세의 특례 제도. 간이 과세자는 세금 계산서를 발행하지 않고 영수증을 교부하며, 납부 세액은 매출액 × 업종별 부가가치율 × 부가가치세율(10%)로 산출한다.

- **간접세** 세금을 납부할 의무가 있는 납세자와 세금을 최종적으로 부담하는 조세 부담자가 다른 조세. 부가가치세·주세·관세 따위의 소비세와, 인지세·등록세·통행세 따위의 유통세가 있다.

- **감가상각액** 소유한 부동산을 일정 기간 사용한 후, 처분하고 다시 취득할 때 발생하는 금액

- **공동사업자의 소득세 부과** 출자 비율에 의한 지분의 소득에 따라 세금을 부과하는 일

- **과세표준 안분계산** 과세 사업과 면세 사업을 함께 영위하는 사업자가 과세 사업과 면세 사업에 공통으로 사용되는 재화를 공급하는 경우에, 그 재화의 공급가액 가운데 과세되는 부분의 공급가액을 계산하는 절차

- **근로소득금액** '총급여액 – 근로소득공제 = 근로소득금액'. 근로소득금액은 기부금, 중소기업창업투자조합 소득공제 한도 적용 시 활용

- **기타소득** 소득세법에서, 상금·사례금·취업료·복권 당첨금·

	보상금 따위의 일시적으로 발생한 소득을 이르는 말
• 누진세	과세 대상의 수량이나 값이 증가함에 따라 점점 높은 세율을 적용하는 세금. 소득세, 법인세, 상속세 따위이다.
• 당기순이익	손익 계산서에서 당기의 총수익에서 영업 외 비용을 포함한 총비용을 뺀 순액
• 매입세액	사업자가 공급받은 재화나 용역에 대하여 공급자가 징수하는 부가가치세액
• 매입세액 안분계산	과세 사업과 면세 사업에 공통으로 사용되어 실지 귀속을 구분할 수 없는 공통 매입세액에서, 일정한 방법에 따라 안분하여 계산한 금액을 면세 사업에 관련된 매입세액으로 보는 일
• 매출세액	부가가치세의 과세 대상이 되는 재화나 용역의 공급에 대하여 거래 상대편으로부터 거래 징수를 하였거나 거래 징수를 할 부가가치세
• 면세사업	부가가치세가 면제되는 재화 또는 용역의 공급을 행하는 사업
• 물품세	주로 사치품이나 기호품 따위에 부과하던 간접세
• 법인세	개인의 소득에 대하여 소득세가 부과되는 것과 같이 주식회사와 같은 법인의 사업에서 생긴 소득에 대하여 부과되는 조세를 법인세라 한다. 법인세는

부과권자가 국가인 국세(國稅)이며 조세의 납세자와 담세자가 동일한 직접세(直接稅)이다. 소득에 대해서 부과된다는 점에서 소비세인 주세·개별소비세와는 다르고, 과세표준의 크기에 따라서 차등세율을 적용하는 누진세(累進稅)이다. 우리나라의 현행 법인세는 각 사업연도의 소득에 대한 법인세와 청산소득에 대한 법인세로 구성되어 있다.

- **부가가치세**　국세의 하나. 거래 단계별로 상품이나 용역에 새로 부가하는 가치에 대하여 과세하는 세금이다. 곧, 이익에 대해서만 부과하는 일반 소비세로 우리나라에서는 1977년부터 실시하였다.

- **분리과세**　소득 중 특정 소득을 분리하여 별도로 과세하는 일. 특정 세율을 적용하여 조세 부담이 가벼워지는 경우가 많다.

- **세금계산서**　사업자의 매매 행위에 대한 내용을 구체적으로 명시해 놓은 영수증. 사업자 등록 번호, 부가가치세액, 날짜, 품목 따위가 포함된다

- **소득공제**　총소득금액에서 일정 금액을 빼서 소득을 줄인 뒤 이를 토대로 세금을 계산하는 방식으로 근로소득공제와 인적공제, 연금보험료공제, 특별소득공제 등이 있다.

- **소득금액** 　사업자 또는 근로자가 일정 기간 동안 근로 사업을 벌이거나 자산을 운영하여 거두어들인 돈의 액수

- **소비세** 　재화의 소비 또는 화폐의 지출 사실을 포착하여 소비자에게 직접적, 간접적으로 과세하는 세금. 소비의 최종 단계에서 부과하는 주민세, 입장세, 자동차세 따위의 직접 소비세와 생산이나 유통의 단계에서 부과하여 그것을 소비자에게 전가하는 주세(酒稅), 부가가치세, 관세 따위의 간접 소비세가 있다.

- **손금-불산입** 　기업 회계에서 뚜렷이 손해를 본 비용인데도 과세 소득을 산출할 때 그것을 손해 본 금액에 넣지 아니 하고 과세 소득이 되게 하는 법인세법의 규정

- **손금-산입** 　회계에서는 손금이 아니지만 세무 회계에서는 손금 으로 인정하는 회계 방법

- **안분계산** 　소득 금액을 계산할 때, 원천이 다른 소득이 둘 이상 생겨서 그 원천별로 구분하여 계산할 필요가 있을 경우, 익금 또는 손금의 소속이 불분명한 것을 결정 하는 방법에 따라 나누는 계산

- **영세율** 　세금을 부과하는 대상에는 포함하되 영 퍼센트의 세율을 적용하는 것. 세금을 내지 않는다는 점에 서는 면세와 같지만, 면세와 달리 세금 부과의 대상에

포함된다.

- **의제매입세액**　부가가치세가 면제되는 재화를 구입하여 매입
세액이 없는 경우에도 일정한 요건에 해당할 때에는
그 매입 가액 가운데 일정한 매입세액이 포함된 것
으로 간주하여 계산한 일정액을 매출세액에서 공제
하는 세액

- **의제매입세액**　부가가치세가 면제되는 재화를 구입하여 매입
세액이 없는 경우에도 일정한 요건에 해당할 때에는
그 매입가액 가운데 일정한 매입세액이 포함된
것으로 간주하여 계산한 일정액을 매출세액에서
공제하는 세액

- **익금-불산입**　기업 회계에서 명백하게 법인의 순자산을 증가
시키는 익금임에도 불구하고 법인세법상 과세
소득의 산출에서는 익금에 산입하지 아니하는 일

- **익금-산입**　기업 회계에서 수익을 구성하는 대상이나 요소는
아니나 세무 회계상에서 과세 대상이 되는 것을 각
사업 연도의 소득 금액 계산상의 수익, 즉 익금에
부가적으로 포함하는 일

- **정률법**　기초 장부에 적혀 있는 고정 자산의 가격에 일정한
상각률을 곱하여 매기(每期)의 감가상각비를 계산
하는 방법

·정액법	매기(每期)마다 똑같은 금액을 감가상각비로 계산하는 방법
·종합소득세	납세자의 각종 소득을 합계한 총소득에 대하여 매기는 소득세
·종합소득세 간편장부	회계 장부를 기록하는 데 익숙하지 않은 소규모 사업자들이 수입이나 지출 내용 따위를 쉽게 작성할 수 있도록 국세청에서 권장하는 약식 장부. 거래처, 거래 일자, 거래 내용, 매출액, 매입액, 매매 내용, 고정 자산 따위의 일곱 가지 필수 사항만 기록한다.
·종합소득세 확정신고	근로 소득자가 소득세 연말 정산을 한 후 종합 소득세 납부 시 그 내용을 수정·보완하여 신고하는 일. 소득 공제를 빠뜨렸거나 잘못 계산한 경우, 근로 소득 이외에 종합 과세 되는 소득이 있는 경우에 소득이 발생한 다음 해의 종합소득세 납부 시 과세 표준을 확정하여 신고하게 된다.
·총급여액	연간 근로소득 – 비과세소득 = 총급여액'. 총급여액은 의료비 세액공제와 신용카드 소득공제 적용 시 활용
·필요경비	소득세법에서, 소득을 얻기 위하여 들이는 경비. 세금이 공제된다.

CHAPTER
01

부가가치세
계산법

아메리카노 한 잔의
부가가치세

김 사장님은 커피숍을 운영합니다. 아메리카노를 4,400원에 팔고, 그 재료비는 2,200원이 들었습니다. 이때 아메리카노 한 잔의 부가가치세는 얼마일까요?

한 가지 공식만 기억하면 됩니다.

> **부가가치세 = 매출세액 - 매입세액**

그럼 계산해 보겠습니다.

매출세액 = 매출 ÷ 11 로 계산이 됩니다. 4,400원 ÷ 11 = 400원

매입세액 = 매입 ÷ 11 이므로 2,200원 ÷ 11 = 200원

'부가가치세 = 매출세액 - 매입세액'의 공식에 대입하면 400원 - 200원 = 200원

그리하여 아메리카노 한 잔을 팔았을 때의 부가가치세는

200원이 됩니다.

만약 한 달 동안 아메리카노를 30잔을 팔았다면 한 달의 부가가치세는 200원 × 30일 = 6,000원이 됩니다.

1월부터 6월까지 6개월 간 동일하게 매달 30잔을 팔았다면.

6,000원 × 6개월 = 36,000원

그럼 7월 25일까지 김 사장님이 납부해야 할 부가가치세는 36,000원이 됩니다. 하나도 어렵지 않죠?

우리나라에는 부가가치세가 언제 도입되었을까요?

우리나라는 IMF로부터 자문을 받아 1977년 아시아에선 최초로 부가가치세를 도입하여 40년 넘게 운영하고 있습니다. 이전에는 물품세 등 각종 간접세 종류가 많고 복잡하여 부정부패의 여지가 많았으며, 최종 공급자에게 과도한 부담이 집중되어 탈세 등 부작용이 많았다고 합니다. 이에 세재 개혁과 함께 경제 발전에 필요한 재원을 원활하게 조달하고 경제적 자립을 확립하기 위해 부가가치세를 도입하였습니다.

최초 도입할 당시 부가가치세는 국민들에게 완전히 생소한 세금이어서 조세 저항이 매우 심했다고 합니다. 부가가치세는 물품세와 달리 모든 거래단계에서 증빙이 필요하며, 이에 기초한 매출세액에서 매입세액을 차감한 부분을 국가에 납부하게 되어 있기 때문입니다. 따라서 사업자들은 거래 단계마다 세금계산서를 주고받아야 했기 때문에 번거로움이 컸습니다.

1977년 우리나라의 사회 환경은 지금과는 비교할 수 없을 정도로 열악하였고, 대부분의 상거래는 현금으로 이루어졌으며 신용카드는 물론 컴퓨터도 없던 시절이었습니다. 그리고 소규모 영세 자영업자가 대부분이었죠. 도입 당시 소액의 세금에 대해서는 소액부징수 제도라 하여 세금을 납부하지 않게 하였습니다. 지금의 간이과세 제도의 모태라고 할 수 있습니다.

다음 장에서는 간이과세 사업자의 부가가치세 계산법을 알아보겠습니다.

간이과세 사업자의
부가가치세 계산법

앞장의 계산법은 일반과세 사업자의 부가가치세 계산법입니다. 계산법을 알기 전 간이과세가 무엇이고 왜 생겼는가를 먼저 살펴보겠습니다. 부가가치세 간이과세 제도는 신고, 납부 등이 어려운 소규모 사업자의 납세 편의를 위한 특례 제도입니다.

부가가치세가 도입되던 당시에는 세율이 2%인 과세 특례 제도가 있었습니다. 이 제도가 1996년 7월에 간이과세 제도로 전환된 것입니다. 간이과세 기준 금액은 최초 도입 당시에는 1억 5천만원이었으나 2000년 7월 4,800만원으로 인하하여 현재까지 유지되고 있습니다.

> **간이과세자 부가가치세**
> **= 매출세액 × 업종별 부가가치율 − 매입세액 × 업종별 부가가치율**

간이과세자는 전체 사업자 중 약 30% 정도를 차지합니다. 그 비율은 매년 조금씩 감소하는 추세입니다. 업종별로는 부동산 임대업이 가장 큰 비중을 차지하고 소매업, 음식업, 서비스업 등의 순입니다.

일반과세자의 부가가치세 계산은 매출세액에서 매입세액을 차감하는 방식입니다. 그러나 간이과세자는 매출액에 업종별 부가가치율과 세율을 곱하여 세금을 계산합니다. 매입도 매입액에서 업종별 부가가치율과 세율을 곱하여 계산되므로 매입세액을 지불하고 매입세금계산서를 받는 것이 손해일 수도 있습니다.

"업종별 부가가치율이란 용어가 나왔는데 무엇을 말하나요?"

간이과세자가 부가가치세 신고를 하기 위해서는 매입/매출세액에 업종별 부가가치율을 곱해야합니다. 업종에 따라 부가가치율이 다름으로 아래표로 간단하게 정리해 보았습니다.

업종별 부가가치율

전기, 가스, 증기, 수도사업	5%
소매업, 음식점업, 재생용 수집 및 판매업	10%
제조업, 숙박업, 운수 및 통신업	20%
건설업, 부동산 임대업, 기타 서비스업	30%

앞 장에서 아메리카노 한 잔의 매출세액은 400원, 매입세액은 200원, 부가가치세는 200원으로 계산되었습니다.

만약 김 사장님이 간이과세 사업자라면 매입, 매출세액에 업종별 부가가치율 (음식점이므로 10%)를 곱하여 부가가치세를 계산합니다.

매출세액 × 업종별 부가가치율 − 매입세액 × 업종별 부가가치율 = 400원 × 10% − 200원 × 10% = 20원

김 사장님이 간이과세 사업자라면 아메리카노 한 잔의 부가가치세는 20원이 됩니다.

간이과세 사업자는 신고, 납부도 일반과세자와는 다릅니다. 일반과세자는 연간 2회 신고하는 반면 간이과세자는 연간 1회 (매년 1월)만 신고하면 됩니다.

간이과세자 중 연간 매출액이 3,000만원 미만의 사업자는 부가가치세가 면제됩니다.

동일한 매입, 매출일 경우
과세유형에 따른 부가가치세 비교

간이과세가 얼마나 유리한지 동일한 매입, 매출을 가정하고 비교해 보겠습니다.

음식점을 운영하는 김 사장님 2019년 7월1일부터 2018년 12월 31일까지 매출(신용카드+현금영수증발행분)은 5억 5천만원, 매입은 0원이라고 가정해 보겠습니다. 조금은 극단적인 설정이나 간이과세 사업자가 얼마나 유리한가를 판단하는 데는 도움이 될 것입니다.

김 사장님이 일반과세 사업자일 경우,

위의 경우 매출세액은 5천만 원 (5억 5천만원 ÷ 11), 매입세액은 0원이 됩니다.

부가가치세 = 매출세액 − 매입세액이므로 5천만 원 − 0원 = 5천만원 산출된 세액에서 신용카드 매출세액공제 (5억 5천만원 × 1.3% = 7,150,000원을 세액공제하면 납부할 금액은 42,850,000원이 됩니다.)

(신용카드 매출세액공제는 다음 장에서 더 자세히 설명하고 있습니다.)

김 사장님이 간이과세 사업자일 경우,

부가가치세는 매출세액 × 10% − 매입세액 × 10%

(간이과세 사업자 음식점은 업종별 부가가치율이 10% 입니다.)

5천만원 × 10% − 0원 × 10% = 5,000,000원

산출된 세액에서 신용카드 매출세액공제 (5억 5천만원 × 2.6% = 14,300,000원, 간이과세 음식점은 2.6%를 세액공제 합니다. 세액공제 한도는 10,000,000원 입니다.)

그러므로 납부세액은 5,000,000원 − 10,000,000원 = − 5,000,000원, 간이과세 사업자는 환급이 안 되므로 납부세액은 0원이 됩니다.

실로 엄청난 차이입니다.

김 사장님이 만약 간이과세 사업자로 사업을 시작하였다면

42,850,000원을 번 게 됩니다.

　대부분의 사업의 시작은 무조건 간이과세 사업자가 유리합니다.

"저도 음식점을 운영하고 매출도 비슷한데, 고용 중인 세무사가 간이과세자도 매입 자료가 필요하다고 하여서 2억 2천만원의 매입 자료를 확보하였습니다. 저도 부가세는 납부하지 않았습니다."

　사장님의 경우 부가가치세를 계산해 보겠습니다.

　매출세액은 위와 동일하게 5,000,000원 매입세액은 2,000,000원 (2억 2천만 원 ÷ 11 = 2,000,000원)

　부가가치세 = 5,000,000원 − 2,000,000원 = 3,000,000원 여기에다 신용카드 매출세액공제를 받으면.

　3,000,000원 − 10,000,000원 = −7,000,000원 간이과세 사업자라 환급이 안 되므로 부가가치세는 0원이 됩니다.

"저는 제가 고용한 세무사가 능력이 좋아서 매출이 5억원이 넘는데도, 부가세를 납부하지 않았다고 주위에 자랑까지 하고 소개도 시켜주었습니다."

부가가치세를 계산하는 공식은 너무나 간단해서 조금만 공부하면 누구나 가능합니다. 그런데 사장님은 한 가지 잘못한 것이 있습니다. 그것은 매입 자료를 확보하지 않아도 부가세는 0원인데, 세무사의 말을 듣고 매입 자료를 확보한 것입니다. 2억 2천만원의 매입 자료를 확보하기 위해 2천만원의 매입세액을 지불하였다는 것입니다.

의제매입세액
계산법

제조업을 영위하는 사업자가 부가가치세를 면제받아 공급받은 농, 수, 축, 임산물을 원재료로 제조/가공한 물품을 판매하는 경우에는 그 면제되는 물품의 가액에 업종별. 종류별로 재무부령이 정하는 일정률을 곱해서 계산한 금액을 매입세액으로 공제할 수 있는데, 이러한 제도를 의제매입세액 공제라고 합니다. (부가세시행령 제62조 1항)

좀 쉽게 풀이하면 음식업 사업자가 구입하는 농산물 구입가액 중 일정비율을 매입세액으로 인정해 부가가치세를 돌려주는 제도를 말합니다.

음식점이나 커피숍, 디저트 등 사업하시는 사업자 분들에게는 부가가치세가 항상 부담이죠.

그래서 과세 관청에서는 면세인 농산물, 축산물, 수산물 등을 매입하여 가공하고 과세로 판매하는 사업자에 대해 의제 매입세액 공제라는 제도를 두어 면세 계산서 매입에 대해서도 일정률(음식점의 경우 8/108 또는 9/109)을 의제매입세액으로 공제해 주도록 하고 있습니다.

음식점이나 커피숍 관련 사업하시는 분들은 반드시 면세 계산 서를 잘 수취하여 부가가치세 의제매입세액 공제를 꼭 받아야 합니다.

간이과세자의 경우 의제매입세액 한도는 없으나 의제매입 세액이 납부세액을 초과하는 경우에는 그 초과하는 부분은 없는 것으로 간주합니다.

업종별 의제매입세액 공제율

구분			공제율
1. 과자점업, 도정업, 제분업, 떡 방앗간을 운영하는 개인			6/106
2. '1'을 제외한 개인 중소기업			4/104
3. 그 외			2/102
음식점업	과세 유흥장소 경영자		4/104
	법인사업자		6/106
	개인사업자	과세표준 4억원 초과	8/108
		과세표준 4억원 이하	9/109

과세표준에 따른 의제매입세액 공제 한도

구분		2019년 12월 31일까지	
		음식점업	일반 업종
법인사업자		40%	
개인사업자	과세표준 1억원 이하	65%	55%
	과세표준 2억원 이하	60%	
	과세표준 2억원 초과	50%	45%

　개인사업자 음식점업을 하고 있고 과세표준이 3억원, 면세 제품 매입을 2억원 했다고 가정하면 의제매입세액 공제 금액은 아래와 같습니다.

　공제한도: 3억원 × 50% = 1억 5천만원
　의제매입세액 공제 금액: 1억 5천만원 × 9 / 109 = 12,385,321원

"식당을 운영 중입니다. 지인이 농사를 짓고 있는데 구입한 쌀을 의제매입세액 공제가 가능한가요?"

　의제매입세액 공제는 면세사업자로부터 발급받은 계산서를 일정 기준에 의해 매입세액공제를 받는 것을 말합니다. 그런데 농사를 짓는 개인의 경우는 사업자등록이 없는 경우가 허다 합니다. 개인으로부터 받은 농산물을 의제매입세액 공제를 받으

려면 두 가지 조건이 필요합니다.

　일단 음식점인 경우에는 사업자가 간이과세 사업자이어야만 합니다. 더불어 과세표준, 즉 매출의 5%만 의제매입세액 공제가 가능합니다. 예를 들면 매출이 1,000만원이면 의제매입세액 공제 가능 한도는 50만 원이 됩니다.

예정고지 금액 계산법

부 가가치세 예정고지란 개인 사업자의 부가가치세 납부 부담과 국가의 세수 확보의 안정성을 고려하여 양자 간의 부담을 줄이기 위해서 개인사업장의 별도의 예정 신고 없이 직전 납부한 부가가치세의 50%에 해당하는 금액을 미리 고지 받아 납부하는 제도입니다.

예를 들면, 올 1월 부가가치세를 100만원을 납부하였다면,

일반과세자는 4/25일까지 예정고지 50만원을 납부해야 합니다.

간이과세자는 7/25일까지 예정고지 50만원을 납부해야 합니다.

이러한 부가가치세 예정고지 제도로 납부한 예정고지 세액은 다음 부가가치세 확정신고 때 기납부 세액으로 처리되어 공제가 됩니다. 개인사업자에게는 부가가치세 예정고지와 미리

납부하는 것이 원칙적으로 규정되어 있어 예정고지 세액을 납부하지 않으면 가산금이 부과됩니다.

(납부기한이 경과한 후 1개월 이내에 납부하면 세액의 3%만큼 가산금이 부과됩니다. 확정신고 기한까지 납부하지 않게 되면 추가로 세액의 1.2%만큼 중가산금이 부과됩니다.)

부가가치세 예정고지는 부가가치세를 신고하는 것이 아니고 고지서 금액(전 납부금액의 50%)을 납부하는 것입니다. 다만, 징수하여야 할 금액이 30만원 미만 (2019년부터 30만원 미만, 종전은 20만원 미만) 이거나, 당해 간이과세자가 일반과세자로 변경된 경우에도 징수하지 않습니다.

• 부가가치세 예정신고를 하면 유리한 경우.

1. 최초 설비 투자로 환급이 예상될 경우에는 꼭 예정신고 (조기환급)를 하셔야 합니다.

   - 조기환급 신고를 하면 관할 세무서에서 사실 확인 후 신고 기한이 경과한 날부터 15일 이내에 사업자에게 환급합니다.

2. 휴업 또는 사업부진 등으로 예정신고기간 (7월~9월)의 공급가액이 직전 과세기간(1월~6월) 공급가액의 1/3에 미달하거나, 이번 예정신고기간의 납부세액이 직전 과세

기간 총 납부세액의 1/3에 미달하는 사업자도 예정신고를 하는 게 유리합니다.

"부가가치세 조기환급이 가능한가요?"

조기환급 신고 제도는 사업주 입장에서 자금을 조기에 확보하여 유동성을 해결하는 데 매우 큰 도움이 됩니다. 그런데 이 제도를 모르고 신청하지 않으면 혜택을 누릴 수가 없습니다.

사업을 시작하면 일정 기간 매출은 발생하지 않고 초기 비용만 증가하는 '데스밸리(death valley)' 기간을 겪게 되는데, 영세 자영업자의 경우 자금 부족으로 압박을 받게 됩니다.

부가가치세 신고 시 매입세액이 매출세액보다 클 경우 환급이 발생합니다. 일반적인 환급은 신고 후 30일 이내에 이루어지는데 조기환급은 확정신고기간까지 기다릴 필요 없이 신고 후 15일 이내에 환급을 받을 수 있습니다.

일반과세 사업자이며 식당을 운영하는 김 사장님, 1월에 식당 인테리어를 하고 2월에는 각종 설비 구입으로 목돈이 들어갔습니다. 이럴 경우에는 부가가치세 확정신고 기간인 7월까지 기다리지 말고 1월과 2월의 매출, 매입에 대한 부가가치세 신고를 3월 25일까지 조기환급 신고를 하면 됩니다. 신고 후 국세청에서는 15일 이내에 부가가치세 환급을 해 줍니다.

그리고 나서 3월부터 6월까지의 매출, 매입에 관한 부가가치세 확정신고를 7월 25일까지 하면 됩니다.

조기환급 신고는 단순히 매입이 매출보다 크다고 할 수 있는 것은 아닙니다.

부가가치세 영세율을 적용하여 수출을 했거나 사업을 위해서 건물 취득 증축 및 인테리어나 기계장치 구입 등 시설투자를 했을 경우에만 조기환급 신고가 가능합니다.

신용카드
매출세액공제 계산법

신용카드 매출전표 등 발급에 대한 세액공제란 부가
가치세법 제46조에 의거하여 사업자가 아닌 자에게
재화 또는 용역을 공급하는 사업자의 신용카드 매출전표
등(신용카드매출전표, 직불카드영수증, 선불카드영수증, 현금
영수증)의 발행금액의 1.3%를 결정세액에서 추가 공제하는
것을 말합니다.

• 세액공제 대상 사업자

소매업, 음식점업, 숙박업, 미용, 욕탕 및 유사 서비스업 등
거래상대방이 사업자가 아니라 주로 소비자인 경우로 한정
됩니다. 직전년도 매출액이 사업장을 기준으로 10억원을 초과
할 경우 공제대상에서 배제됩니다.

• 세액공제 금액 및 한도

세액공제 금액 = 발행 금액 × 1.3% (간이과세자 중 음식점업, 숙박업은 2.6%)

공제 한도는 연간 1,000만원까지 가능합니다. 공제할 금액이 부가가치세 납부세액을 초과할 경우에는 환급이 되지 않습니다.

• 공제 한도 확대 및 공제율 적용기한 연장

2018년 12월 8일 세법 개정안이 국회 본회의를 통과했는데, 수정된 내용을 살펴보면 연간공제 한도 500만원이 1,000만원으로 인상되었고, 공제율 적용기한도 2021년까지 3년 연장 될 예정입니다.

세액공제와 매입세액공제는 다른 말입니다. '부가가치세 = 매출세액 − 매입세액'(이제 기본적으로 다 외우고 계시죠?) 이렇게 산출된 부가가치세에서 다시 금액을 빼주는 걸 세액공제라 합니다. 크게 '전자신고 세액공제', '신용카드 매출세액공제' 두 가지입니다.

전자신고 세액공제는 1, 2기 부가가치세 확정 신고 기간에 홈택스를 통해 전자 신고하는 대상은 1만원 세액공제를 해줍니다.

 신용카드 매출세액공제는 가령, 1월부터 6월까지 신용카드 (현금영수증 포함) 매출이 1,000만원이면 이 금액의 1.3% 즉 130,000원을 세액공제 해줍니다. 음식/숙박업 간이과세자 분들은 2.6% 세액공제를 받으실 수 있습니다.

 "11번가를 통해 온라인 판매도 겸하고 있습니다. 11번가로 고객이 카드 결제를 하였을 때, 그 부분도 신용카드 매출세액 공제를 받을 수가 있나요?"

 네. 가능합니다.

 개인사업자의 경우 예외적인 경우를 제외하고선 부가세신고 시 신용카드 매출 및 현금영수증매출액에 대해 일정 비율 1.3% (간이과세 음식점은 2.6%) 세액공제를 받을 수 있습니다.

 매장에서 이뤄지는 신용카드 결제는 보통 VAN사를 이용 하므로 문제가 없으나, 온라인 쇼핑몰의 경우 여신전문금융업법 결제대행업체가 아닌 곳을 통한 결제를 한 경우 신용카드 매출 세액공제를 받을 수 없습니다. 예를 들어 11번가, G마켓, 옥션, 스토어팜은 결제 대행업체로 등록되어 있어 신용카드 매출세액 공제가 가능합니다.

"손님이 카카오페이로 결제를 하였는데, 이것도 신용카드 매출 세액공제가 가능한가요?"

카카오페이도 여신전문금융업법 결제 대행업체에 등록이 되어 있으므로 가능합니다. 등록한 결제 대행업체의 명단은 금융 감독원 홈페이지의 금융민원, 전자금융업 등록 및 말소 현황에서 확인이 가능합니다. 자주 업데이트가 이루어지니 신고 전 확인이 필요합니다.

겸업사업자의
공통매입세액 안분 계산법

부가가치세법상 사업자 구분은 과세사업자와 면세사업자로 나뉩니다. 과세사업자와 면세사업자는 과세되는 품목의 취급 여부에 따라 구분이 됩니다.

과세사업자는 일반과세자와 간이과세자로 구분되며 연매출액 4,800만원이 구분의 과세표준이 됩니다. 그리고 과세사업과 면세사업을 동시에 운영하는 사업자를 겸업사업자라고 합니다.

과세와 면세사업을 겸업할 경우에는 기본적으로 과세사업과 관련한 매출에 대해서는 세금계산서를, 면세사업에 포함되는 매출에 대해서는 계산서를 발행해야 합니다.

매출은 과세와 면세를 구분하는 것이 어렵지 않습니다. 그러나 매입은 과세사업은 부가가치세 매입세액공제를 받을 수 있으나 면세사업은 매입세액공제를 받을 수 없습니다.

 매입이 과세사업을 위한 건지, 면세사업을 위한 건지가 확연히 구분될 경우에는 크게 문제가 되지 않습니다. 그런데 사무실 임대료, 전기세 같은 공과금 등이 애매한 경우가 발생합니다. 이럴 경우에는 '공통매입세액 안분 계산'을 하면 됩니다. 아래의 공식으로 면세사업에 관련된 매입세액부터 계산을 합니다.

> **면세사업에 관련된 매입세액**
> **= 공통매입세액 × (면세 공급가액/총 공급가액)**

 예를 들어, 공통매입세액이 100만원이고, 면세공급가액이 500만원, 과세공급가액이 1,500만원이라 가정하면, 면세사업에 관련된 매입세액은 위 공식에 의거하여 100만원 × (500만원/2000만원) = 25만원이 됩니다.

 따라서 공통매입세액 100만원 - 면세사업에 관련된 매입세액 25만원 = 75만원만 매입세액 공제를 받을 수 있습니다.

 면세공급가액이 총 공급가액의 5% 미만이거나(공통매입

세액이 500만원 이상인 경우는 제외) 공통매입세액 합계
금액이 5만원 미만인 경우 공통매입세액 전부를 공제 받을 수
있습니다.

영세율과
면세의 차이

세율은 세액을 산출하기 위해서 과세표준에 곱하는 비율을 말합니다. 이러한 세율이 '0'인 것을 영세율이라고 합니다. 영세율이 적용되는 경우에는 매출금액에 상관없이 산출한 세액은 항상 '0'이 됩니다. 즉 납부할 부가가치세가 없다는 말입니다.

영세율 적용 사업자와 면세사업자 모두 부가가치세를 납부하지 않기에 같은 개념이라고 혼동을 많이 하는데 영세율과 면세는 다른 개념입니다. 일단 영세율은 과세사업자만 적용받을 수 있습니다. 면세사업자가 영세율을 적용받으려면 면세사업자를 포기하고 일반과세 사업자로 전환해야 합니다.

영세율을 적용받으면 세금계산서를 발행한 것은 매출세액을 내지 않아도 됩니다. 또 세금계산서를 받은 것은 매입세액을 공제받을 수 있습니다. 그러나, 면세는 매출세액을 내지 않는 것은 동일하지만, 매입세액은 환급받을 수 없습니다.

영세율을 적용받으려면 영세율을 증명하는 서류를 첨부해야 하며, 아래와 같습니다.

1. 내국물품의 국외반출 – 수출실적명세서
2. 대외무역법에 따른 중계무역방식의 수출, 위탁판매수출, 외국인도수출, 위탁 가공 무역 방식의 수출 – 수출계약서 사본, 외화입금증명서
3. 내국신용장 또는 구매확인서에 의한 공급 – 내국신용장, 구매확인서 사본, 외국은행이 발행하는 수출대금입금증명서
4. 국외에서 제공하는 용역 – 외국환은행이 발행하는 외화입금증명서, 국외에서 제공하는 용역에 관한 계약서
5. 선박 또는 항공기의 외국항행용역 – 외국환 은행이 발행하는 외화입금증명서

영세율 증명서류를 제출하지 않은 경우에도 영세율 적용 대상이 확인되면, 영세율이 적용됩니다. 이 경우 영세율 과세표준 신고 불성실 가산세(공급가액 1%)를 내야 합니다.

"만약 국내 생산된 제품을 해외사이트에 판매하는 경우에는 어떻게 처리가 되나요?"

해외 사이트에 판매하는 경우라면 영세율 적용대상이므로 국내 생산된 제품은 당연히 매입세액공제가 가능합니다. 해외 사이트 판매의 경우에는 수출실적증명서 등이 없는 직접 수출로 분류되며, 해외 발송 시 받는 우체국 발송 영수증, 해외 판매 사이트에서 정산 받은 자료, 외화입금자료 등이 증빙자료가 됩니다.

건물주가 사업자가 아닙니다

　　"건물주가 사업자등록을 하지 않아 임대료 세금계산서 발급이 불가능합니다. 어떻게 하나요?"

　건물주가 사업자이지 않거나 간이과세 사업자이면 세금계산서를 발행할 수가 없습니다. 그러므로 부가가치세 신고 시 매입세액공제를 받을 수 없습니다. 하지만 종합소득세 신고 시 경비로는 인정받을 수 있습니다.

　예를 들어 월세 100만원에 부가가치세 10만원을 더해 총 110만원을 지급한 경우라면, 건물주로부터 세금계산서를 발급받으면 부가가치세 10만원과 종합소득세 6만원(소득세율을 6%라 가정)을 더해 총 16만원이 공제됩니다.

　세금계산서를 받지 못하면 부가가치세 매입세액공제는 받을 수 없고 종합소득세 신고 시 66,000원(110만원 × 소득세율

6%라 가정)만이 공제되는 것입니다.

쉽게 정리하면 건물주가 사업자가 아니거나 간이과세 사업자일 경우, 부가가치세 매입세액공제는 되지 않고, 종합소득세 비용처리만 가능합니다. 비용처리를 하기 위한 증빙은 '임대차계약서, 건물주명의 통장으로 임대료 이체내역'입니다.

결국 세금계산서를 받는 것이 유리하지만, 건물주가 사업자가 아니거나 간이과세 사업자라면 세금계산서 발급 자체가 안 됩니다. 그러므로 임대차 계약 전 건물주가 사업자등록이 되어 있는지, 과세유형은 어떤가를 확인하는 것이 좋습니다.

김 사장님은 음식점을 하기 위해 1층의 상가를 임대차계약을 했습니다. 전 업종은 휴대폰 대리점을 하던 자리였습니다. 인테리어도 막바지 단계라 구청에 허가를 받으러 갔더니 오수량이 기존에는 15L였는데 70L로 늘어나서 다시 관련 공사를 해야 하는 상황이 되어 버렸습니다. 건물주는 나 몰라라 하고 장사를 시작하기도 전에 예상치 못한 비용의 발생으로 난처한 상황입니다.

일반음식점을 하기 위해서는 확인을 해야 하는 사항이 있습니다. 하수도원인자부담금이나 정화조, 도시가스 등을 기본적으로 알아보아야 합니다. 대형 식당일 경우에는 관할 관청에 더 자세히 확인을 해야 합니다. 정화조와 하수도원인자부담금의 경우 이로 인해 허가가 나지 않는 경우가 있으니 더 주의를 해야 합니다.

휴대폰 판매점의 경우 일일 오수 발생량이 제곱미터당 15L이고 휴게음식점은 35L, 일반음식점은 70L입니다. 정화조나 하수조원인자부담금이 한계 용량에 있을 경우 정화조 공사를 다시하거나, 부담금이 많게는 몇 천만원씩 나오는 경우도 있습니다. 일반음식점을 하게 될 경우라면 임대차계약 전 관할 관청에 미리 꼭 확인을 해야 합니다.

매월 결산 시
부가가치세 계산을 하면 좋습니다

부 가가치세 신고를 하는 달이 되면 어김없이 자영업자 인터넷 카페 게시판에 이런 글일 자주 올라옵니다.

"이번 부가세가 600만원이 나왔어요. 통장에 돈도 없는데 큰일입니다."

부가가치세를 매달 계산해서 별도로 관리한다면 목돈 부담이 되지 않을 것입니다.

개인사업자의 세금 계산은 수입에서 비용을 빼는 구조입니다. 부가가치세에서는 수입이 매출세액이 되고 비용이 매입세액이 됩니다.

그래서 부가가치세를 구하는 계산법은 '부가가치세 = 매출세액 − 매입세액'이 되는 것을 앞서 배웠습니다.

계산법이 간단하므로 매달 부가가치세를 계산해 놓으면 납부할 부가가치세가 예측이 가능하고, 매입 자료가 부족하다고 느낄 경우에는 매입 관리에 조금 더 신경을 쓸 수가 있습니다.

주의할 점은 부가가치세는 적격증빙이어야만 매입세액공제가 가능합니다.

예를 들어 7월(월=달, 의미 중복) 매출이 1,100만원이고 매입이 440만원이라면, 매출세액은 100만원(매출 ÷ 11)이 되고 매입세액은 40만원(매입 ÷ 11)이 됩니다. 그러므로 7월 부가가치세는 100만원 − 40만원 = 60만원이 됩니다.

이런 식으로 매달 매출집계와 매입집계를 하여 매달 부가가치세를 계산해 놓고 계산된 금액을 별도의 통장에 관리를 하면 부가가치세로 인한 목돈 부담도 줄어들게 됩니다.

좋은 습관들이 쌓이면 절세는 저절로 됩니다.

"적격증빙에 대해 조금 구체적으로 얘기해 주세요."

여러 번 얘기했듯이 부가가치세 계산법을 아주 간단하게 설명하면, '매출세액 − 매입세액'의 구조입니다. 이때 매입세액공제는 객관적인 증빙으로만 처리되기 때문에, 적격증빙을 수취하는 것이 매우 중요합니다.

'적격증빙'이라 함은 사업과 관련한 지출을 아래 유형으로 처리했을 때를 일컫습니다.

'세금계산서, 계산서, 신용카드, 체크카드, 현금영수증'

단, 주의할 점이 있습니다. 일반영수증이나 거래명세서, 간이영수증 등은 부가가치세신고 때 매입세액공제가 되지 않으므로 반드시 매입 때는 거래상대방에게 적격증빙을 발급해 달라고 요구하는 것이 중요합니다.

CHAPTER
02

종합소득세
계산법

아메리카노 한 잔의
종합소득세

이번 장에서는 종합소득세의 계산법을 알아볼까요. 부가가치세 계산법은 단 하나의 공식으로 계산되었으나 종합소득세를 계산하기 위해서는 네 가지의 공식이 필요합니다. 부가가치세 계산보다는 조금 복잡해 보일 수 있으나 어렵지 않습니다. 만약 이해가 되지 않으면 반복해서 몇 번만 천천히 읽어보세요.

사업자등록을 하게 되면 세금을 납부해야 합니다. 개인사업자가 1년 동안 신고, 납부해야 하는 세금은 부가가치세와 종합소득세가 있습니다. 많은 사장님들이 세금을 계산하는 방법을 대단히 어려워합니다. 1장에서 부가가치세 계산법을 배워보니 생각만큼 어렵지 않았죠.

개인사업자의 세금은 수입에서 비용을 빼는 방식이다. 이것만

기억하세요.

> **부가가치세 = 매출세액(수입) – 매입세액(비용)**
> **종합소득세 = 수입금액(수입) – 필요경비(비용)**

1장 내용을 복습해 보면 아메리카노를 파는 김 사장님, 아메리카노 한 잔을 4,400원에 팔고, 한 잔의 재료비는 2,200원을 지불했습니다. 계산의 편리상 소득공제, 세액공제는 생략하고 종합소득세 세율은 6%라고 가정하고 세금을 계산해 보겠습니다.

먼저 커피 한 잔의 부가가치세를 계산해 볼까요.

부가가치세 = 매출세액(수입) – 매입세액(비용) = 400원 – 200원 = 200원

그럼 종합소득세도 계산해 볼까요.

수입금액 (수입) – 필요경비(비용) = 4,000원(매출세액은 제외됩니다.) – 2,000원 (매입세액은 제외됩니다.) = 2,000원

소득공제, 세액공제를 편의상 생략하고 세율이 6%라고 가정하면, 2,000원 × 6% = 120원

정리하면 아메리카노 한 잔의 부가가치세는 200원, 종합소득세는 120원이 계산됩니다. 물론 세율이 높다면 종합소득세도 올라갑니다. 종합소득세는 누진세율 적용이 되므로 이익이 커지면 세율이 올라갑니다. 누진세율은 조금 뒤에 더 자세히 설명했습니다. 그리고 소득공제, 세액공제 항목이 많으면 종합소득세는 내려갑니다. 이 부분도 조금 뒤에 더 상세히 설명하겠습니다.

세금 계산법은 어렵지 않습니다. 사칙연산만 잘해도 다음 페이지에 나올 내용들을 충분히 이해할 수 있습니다.

감가상각의 쉬운 이해

김 사장님은 식당의 설비를 3천만원을 주고 구입을 하였습니다. 감가상각의 쉬운 이해를 돕고자 설비는 매년 3천만원의 이익을 발생시켜주고, 3년이 지나면 폐기 처분해야 한다고 가정해 보겠습니다.

첫 해 설비를 통해서 3천만원의 이익이 발생하였습니다. 그런데 설비투자비 3천만원을 제외하니 이익은 0원이 됩니다. 다음해, 그 다음해는 3천만원씩 벌었으니 3년 동안의 이익은 6천만원이 되고 설비는 폐기처분 됩니다. 즉 설비를 통해서 6천만원의 이익이 발생하였습니다. 그런데 여기서 세무서가 등장을 합니다. 그리곤 이렇게 말을 합니다.

"당신의 회사는 3년 동안 같은 설비를 사용하고 같은 사업을 하여 3년 동안 매출이 같은데도 왜 이익이 들쭉날쭉 일정치 않습니까?"

조삼모사 같은 얘기일 수도 있으나 세무서의 속내는 첫해부터 이익이 없으면 세금을 부과할 수 없다는 것에 있습니다. 이러한 이유로 설비는 재무상태표에 자산으로 계상하고 설비는 사용하면 사용할수록 자산 가치가 감소하기 때문에 사용기간 동안 감가상각비로 비용을 계상한다는 규칙이 만들어졌습니다. 이 규칙에 따라 회사는 3년 동안 매년 1천만 원씩 감가상각비로 비용을 계상합니다. 그러면 매년 이익은 2천만 원으로 평준화되고 세무서는 첫 해부터 세금을 부과할 수 있게 됩니다.

유형의 자산은 시간이 흐름에 따라 효용가치가 점차적으로 감소합니다. 이 감소분을 측정하여 비용으로 처리하기 위해 자산의 내용연수에 걸쳐 감가상각비를 체계적으로 측정하기 위해 정액법과 정률법이 사용됩니다.

정액법은 내용연수에 따라 균등하게 감가상각비를 배분하는 방법입니다.

정액법에 의한 감가상각비 = 취득금액 ÷ 신고 내용연수

정률법은 사업 초기에 감가상각비가 많이 계상되도록 하는 방법입니다.

정률법에 의한 감가상각비 = 미상각 잔액 × 상각률

(미상각 잔액 = 취득가액 − 감가상각 누계액, 정률법 상각률: 4년 0.528, 5년 0.451, 6년 0.394)

기업이 당해 사업연도에 감가상각비를 비용으로 인정받기를 원하면 장부에 계상하면 됩니다. 결손이 발생하여 추후에 계상하기를 원하면 나중에 장부에 계상할 수도 있습니다.

감가상각비는 임의 계상이 가능하기에 세법에서는 과세 형평을 이유로 자산의 종류에 따라 상각 방법을 달리 정하고, 내용 연수의 범위를 정하고, 상각 한도액을 정하여 그 범위 안에서만 비용으로 인정하는 것들이 있습니다.

건물의 경우에는 정률법을 사용할 수 없고 정액법으로만 감가상각을 해야 합니다. 본인 소유의 건물이라면 내용연수를 짧게 30년으로 정하고 정액법을 사용하면 됩니다. 건물 외 나머지 자산은 정액법과 정률법 중 하나를 선택할 수 있습니다.

초기에 감가상각비를 많이 계상하려면 정률법을 선택하고 내용연수도 5년이 아니라 4년으로 단축하면 됩니다.

종합소득세 소득금액 산정법

1934년 조선소득세령에 의해 처음으로 우리나라에 소득세가 도입되었습니다. 제1종 법인소득세, 제2종 원천 과세되는 법인과 개인의 이자, 배당 소득, 제3종은 2종에 속하지 않는 개인소득으로 매우 포괄적으로 규정되었습니다.

일제에서 해방된 지 4년 만인 1949년에 일반소득세를 소득세와 법인세로 분리하는 내용으로 소득세법이 개정된 이래 점차 소득세는 근로소득, 사업소득, 이자소득, 배당소득, 기타소득, 퇴직소득, 양도소득, 산림소득 등 9개 유형별로 나눠 과세했습니다.

1974년에 들어서야 모든 소득을 합산하여 과세하는 종합소득세제도를 도입하기에 이릅니다. 하지만 이자소득이나 배당소득은 여전히 합산 과세대상에서 제외했기에 절름발이 종합과세 방식이었습니다. 그로부터 20년 후 1994년 금융 실명제의 실시와 함께 이자, 배당소득도 다른 소득과 합산해서

과세하는 틀을 갖추게 되었습니다. 소득세는 우리나라를 비롯한 모든 나라에서 가장 중요한 세금으로 자리 잡고 있습니다.

종합소득세 신고를 통해서 국가는 개인사업자의 소득을 가늠할 수 있습니다. 종합소득세가 산출되면 지방소득세 (종합소득세의 10%)가 결정됩니다. 더불어 국민연금, 건강보험의 재산정 기준이 됩니다. 그리고 은행 등의 금융권 대출을 받을 때 소득의 증빙 자료로 쓰입니다. 개인사업자의 객관적인 소득의 지표로 활용되는 것입니다.

종합소득세는 각각의 소득(이자소득, 배당소득, 사업소득, 근로소득, 연금소득, 기타소득) 별로 최종 소득에 합산될 금액을 확정한 다음에 이를 모두 더해야 합니다. 더해진 최종 소득에 세율을 적용하여 계산됩니다.

"저는 회사에서 200만원의 급여(매월 10만원씩 원천징수)를 받고 있고 퇴근 후 유튜버로 활동하여 매월 100만원의 광고 수익을 내고 있습니다. 종합소득세 신고를 해야 하나요?"

근로소득만이 있는 경우에는 종합소득세 신고를 하지 않아도 됩니다. 그러나 질문의 경우처럼 근로소득과 사업소득이 동시에 발생하는 경우에는 종합소득세 신고를 해야 합니다. 질문을 보면 근로소득에 관해서는 매월 10만원씩 1년 동안 총 120만원을 원천세로 납부하였지만 사업소득에 관해서는 납부를 하지 않았기 때문입니다. 근로소득액 2,400만원과 사업소득 1,200만원을 더한 3,600만원이 종합소득세 수입금액이 되는 것입니다.

사업소득은 사업에 관련된 지출이 있을 경우에는 지출을 뺀 금액이 소득금액이 됩니다. 만약 유튜브 방송을 위한 지출이 300만원이라면 사업소득금액은 900만원이 됩니다. 물론 지출한 300만원에 대한 증빙이 있어야 합니다.

사업소득 1,200만원에서 사업에 관련한 지출 300만원을 뺀 것처럼, 근로소득에서도 일부 공제가 가능합니다. 근로에 관련한 지출을 근로소득공제라고 합니다. 근로소득공제 금액이 400만원이라고 가정하면 근로소득금액은 2,000만원이 됩니다. 그래서 종합소득금액은 3,600만원이 아니라 2,900만원 (사업소득금액 900만원 + 근로소득금액 2,000만원)이 됩니다.

2,900만원에 대해서 세율을 적용하여 330만원의 종합소득세가 나왔다고 가정해 봅시다. 그런데 이미 원천 징수하여

납부한 세금이 120만원이 있습니다. 이미 납부한 세금 120만원을 빼면 최종적으로 납부해야 할 세금은 210만원이 됩니다.

기타소득,
분리과세

기타소득은 대부분 일시적으로 발생하는 소득입니다. 대표적인 경우가 작가의 인세 수익, 강사의 강연료 수입 등이 해당됩니다. 김 작가가 출간한 책의 정가가 10,000원, 인세는 정가의 10%, 만 부가 팔렸다고 가정해 보겠습니다.

인세수입금액 = 정가 × 판매부수 × 인세

10,000원 × 10,000부 × 10% = 1,000만원 수입금액은 1,000만원 입니다.

> **소득금액 = 수입금액 – 필요경비**

기타소득에 대해 세법은 근거 자료가 없어도 60% (종전에는 70%였는데 2019년부터는 60%)를 비용으로 인정하여 줍니다. 따라서 수입금액 1,000만원에 대한 필요경비는 600만원이 되고, 소득금액은 400만원이 됩니다.

기타소득에 대한 원천징수 세율은 22%입니다 400만원 ×
22% = 880,000원 88만원은 수입금액의 8.8%에 해당됩니다.
편의상 수입금액의 8.8%를 기타소득의 원천징수세율로 보아도
무방합니다. 출판사는 김 작가의 인세 수익을 정산 시 88만원을
제외한 922만원을 지급하면 됩니다.

기타소득금액이 300만원 이하인 경우에는 납세자는
분리과세와 종합과세를 선택할 수가 있습니다. 300만원을
초과하는 경우에는 종합소득세 신고를 별도로 해야 합니다.
2019년부터는 기타소득에 대한 필요경비 산정률이 60%로
조정이 됩니다. 2019년 기타소득으로 총 수입금액이 750만원이
발생하였으면, 필요경비는 750만원 × 60% = 450만원이 계산
됩니다.

소득금액 = 수입금액 − 필요경비, 750만원 − 450만원 = 300만원

2019년 이후부터는 기타소득에 의한 총 수입금액이 750만
원을 초과하면 종합소득세 신고를 별도로 해야 합니다. 더불어,
편의상 수입금액의 8.8%를 원천징수세율로 적용하면 됩니다.

추계신고,
필요경비 계산법

모 든 사업자에게 회계장부를 작성하라고 강요할 수는 없습니다. 이제 새로 사업을 시작한 사업자나 동네에서 조그맣게 장사하시는 연세 많으신 분들에게까지 '장부 작성하지 않으세요?'라고 할 수는 없는 것입니다.

왜냐하면 장부를 작성한다는 것은 세금계산서 같은 증빙자료를 잘 챙겨야하고, 또한 약간의 세무지식이 있어야 가능하기 때문입니다. 그러한 이유로 세법에선 장부를 작성하지 못한 사업자에게 세금을 신고할 수 있도록 추계신고라는 제도를 운영하고 있습니다. 쉽게 얘기하면 '소득을 추정하여 계산한다'라 이해하시면 될 듯합니다.

원칙적으로는 추계신고를 하면 무기장가산세가 발생합니다. 하지만 신규사업자나 계속사업자인데 직전년도 수입금액이 4,800만원 미만인 소규모 사업자에 대해서는 장부를 작성하지 않아도 가산세를 물지 않습니다.

개인사업자는 자신의 장부작성 의무를 매년 판단해야 합니다. 아래 표를 기준으로 작년 수입이 일정 금액 미만이면 간편장부대상자에 해당하고 이상이면 복식부기의무자에 해당됩니다. 단, 의사/변호사 등 전문직 사업자는 무조건 복식부기의무자입니다.

개인사업자의 업종에 따른 수입금액으로의 장부 작성 기준

업종	간편장부 대상자	복식부기 의무자
농업, 임업, 어업, 광업, 도매 및 소매업, 부동산매매업 (제122조 제1항) 등	3억원 미만자	3억원 이상자
제조업, 숙박업, 음식점업, 전기/가스/증기 및 수도사업, 하수/폐기물처리 및 환경복원업, 건설업, 운수업,출판/영상/방송통신 및 정보서비스업, 금융및 보험업, 상품중개업 등	1억 5천만원 미만자	1억 5천만원 이상자
부동산임대업, 부동산관련 서비스업, 임대업, 전문과학 및 기술 서비스업, 교육 서비스업, 보건업 및 사회복지서비스업, 개인 서비스업 등	7천 5백만원 미만자	7천 5백만원 이상자

"작년(2019년)에 신규로 음식점 사업자등록을 하였습니다. 작년 수입금액은 1억7천만원 입니다. 올해 저는 간편장부대상자 인가요? 복식부기의무자인가요?"

작년에 신규로 사업자등록을 하였을 경우에는 수입금액에 상관없이 간편장부대상자가 됩니다. 장부작성 기준금액은 직전년도(2018년)의 수입금액을 기준으로 합니다. 직전년도의 수입금액이 없으므로 간편장부대상자가 되는 것입니다.

"추계신고도 가능한가요?"

추계신고도 가능합니다. 작년에 사업자등록을 하였고 수입금액이 1억 5천만원이 넘었으므로 기준경비율에 의한 추계신고가 가능합니다. 단순경비율에 의한 추계신고는 불가능합니다. 추계신고는 원칙적으로 기준경비율이 원칙입니다. 단순경비율은 수입금액이 일정 금액 이하인 경우만 적용됩니다. 작년에 사업자등록을 한 경우에는 위 표의 수입금액이 기준이 됩니다. 예를 들어, 작년 수입금액이 1억원이 발생하였다면 단순경비율에 의한 추계신고가 가능합니다.

"작년에 신규사업자는 위 표를 기준으로 하면 되고, 이미 사업자가 있는 경우에는 추계신고 기준 금액이 달라지나요?"

네. 계속사업자인 경우에는 기준 금액이 많이 내려갑니다.

아래 표를 참고하세요. 해당되는 업종이 두 개 이상인 경우에는 수입금액이 가장 큰 업종의 수입금액 기준으로 환산하여 판단합니다.

업종별 직전년도 수입금액에 따른 추계신고 대상 분류

직전연도 사업소득 수입금액	추계신고	
업종별	기준경비율 적용대상자	단순경비율 적용대상자
1. 농업, 임업, 어업, 광업, 도매업 및 소매업(상품중개업 제외), 부동산매매업, 아래2와 3에 해당되지 아니하는 사업	6천만원 이상자	6천만원 미만자
2. 제조업, 숙박 및 음식점업, 전기, 가스, 증기 및 수도사업, 하수, 폐기물처리 원료재생 및 환경복원업, 건설업, 운수업, 출판 및 정보서비스업, 금융 및 보험업, 상품중개업 등	3천6백만원 이상자	3천6백만원 미만자
3. 법 제45조 제2항에 따른 부동산임대업, 부동산 관련서비스업, 전문과학 및 기술서비스업, 임대업(부동산임대업 제외) 사업시설관리 및 사업지원 서비스업, 개인서비스업 등	2천4백만원 이상자	2천4백만원 미만자

배율을 이용한
소득금액 계산법

모든 사업자는 장부작성을 통해 소득세 신고를 해야 합니다. 하지만 부득이하게 장부작성이 안 되었을 경우에는 추계방식에 의해 종합소득세 신고를 하게 됩니다. 추계방식에는 두 가지가 있습니다. 단순경비율과 기준경비율입니다. 일반적으로 장부작성이 안된 사업자들은 경비에 대한 세금계산서나 지급명세서 등이 없는 경우가 대부분이다 보니 기준경비율 적용 시 많은 세금이 나오게 됩니다.

이러한 점을 보완하기 위해서 기준경비율 대상자가 추계신고를 할 경우 단순경비율에 의해 계산된 소득금액의 일정 배율을 한도로 하여 세금이 계산되도록 되어 있습니다. 이때 사용되는 배율은 간편장부대상자는 2.6배, 복식부기의무자는 3.2배로 배율이 올라갑니다.

기장을 해야 하는 사업자가 기장을 하지 않고 추계신고를 할 경우 소득금액의 계산은 아래와 같습니다. 기장을 하지 않고 추계신고를 하는 경우에는 배율을 곱해야 하는 패널티를 물게 되는 것입니다.

아래의 식을 통해 계산된 소득금액 중 적은 금액을 선택하면 됩니다.

> • **간편장부대상자**
>   1. 수입금액 − 주요경비 − (수입금액 × 기준경비율)
>   2. (수입금액 × (1 − 단순경비율)) × 배율 (2.6)
>
> • **복식부기대상자**
>   1. 수입금액 − 주요경비 − (수입금액 × 기준경비율 × 1/2)
>   2. (수입금액 × (1 − 단순경비율)) × 배율 (3.2)

"한식당을 운영하고 있습니다. 직전연도 매출은 1억원이고 필요경비는 8천만원(임차료, 인건비 등)입니다. 기장을 하지 않고 소득금액을 계산하면 얼마인가요?"

간편장부대상자이므로 위의 공식으로 계산해 보겠습니다. 한식당의 기준경비율은 7.8%이고 단순경비율은 89.7%입니다.

1. 1억원 − 8천만원 − (1억원 × 기준경비율 7.8%) = 1,220만원

2. (1억원 × (1 − 단순경비율 89.7%)) × 2.6 = 2,678만원

둘 중 적은 금액을 선택할 수 잇으니 1번의 금액 1,220만원이 소득금액이 됩니다.

누진적용 구간에 따른
세금 계산법

'**과**세표준 구간보다 조금 초과하였는데 8,000만원과 9,000만원, 세금 차이가 클까요?'

종합소득세는 전기세처럼 누진 적용이 됩니다. 구간을 초과하는 부분에 있어서는 초과되는 부분은 다른 세율이 적용됩니다. 아래 표에서 알 수 있듯이 8,800만원일 경우에는 1,590만원이 책정되고 초과하는 200만원에 대해서는 36%의 세율이 적용되어 1,590만원 + 200만원 × 36% = 1.662만원으로 계산이 됩니다.

종합소득세 세율의 과세표준은 공제된 소득이 됩니다. (소득 − 필요경비 = 소득금액, 소득금액 − 소득공제 = 공제된 소득)

업종별 직전년도 수입금액에 따른 추계신고 대상 분류

과세표준금액 (소득금액 - 소득공제)	세율
1,200만원 이하	과세표준금액의 6%
1,200만원 초과 4,600만원 이하	72만원 + 1,200만원을 초과하는 금액의 15%
4,600만원 초과 8,800만원 이하	582만원 + 4,600만원을 초과하는 금액의 24%
8,800만원 초과 1억5천만원 이하	1,590만원 + 8,800만원을 초과하는 금액의 36%
1억5천만원 초과 3억원 이하	3,760만원 + 1억5천만원을 초과하는 금액의 38%
3억원 초과 5억원 이하	9,460만원 + 3억원을 초과하는 금액의 40%
5억원 초과	1억7,460만원 + 5억원을 초과하는 금액의 42%

부가가치세는 10%의 단일세율을 적용합니다. 그러나 종합소득세는 과세표준의 크기에 따라 6~42%의 세율이 적용됩니다. 매출액이 같은 사업자라도 순이익이 다르면 세금이 달라집니다. 종종 사장님들이 이런 얘기를 나누는 것을 목격합니다.

"나는 작년 매출이 5억원인데, 종합소득세를 2,000만원가량 납부했어."

그러니, 옆의 사장님(B)이 "나도 5억원 정도 되는데, 난 5,000만원 넘게 납부했어."라고 말합니다. 그러자 세무대리인의 자질을 평가합니다. 종합소득세를 적게 낸 사장님(A)이 자신의 세무대리인의 능력을 칭찬합니다.

왜 이런 일이 발생하였을까요? 순이익이 달라서입니다. 둘 다 매출은 5억원이라 하더라도 A사장님은 순이익이 1억원이었고, B사장님은 순이익이 2억원이었습니다. 그런 관계로 A사장님은 2,022만원 (1,590만원 + 1,200만원 × 36%)의 종합소득세를 납부하였고, B사장님은 5,660만원 (3,760만원 + 5,000만원 × 38%)의 종합소득세를 납부하였습니다.

세무대리인의 자질 문제가 아니라 순수익이 달라서입니다. 여기서 눈여겨봐야 할 것은 순이익은 2배가 차이가 나는데 세금은 2배가 넘는다는 것입니다. 그 이유는 종합소득세는 누진 세율 구조를 취하고 있기 때문입니다.

신규사업자의
첫 종합소득세 신고

부가가치세 신고는 공부하여 직접 신고를 하였는데, 종합소득세는 어렵다고 느끼는 사장님들이 많이 있습니다. 복식부기의무자가 아니라면 얼마든지 공부하여 직접 신고가 가능합니다. 특히 신규로 사업자를 내고 첫 번째 종합소득세 신고는 추계신고가 가능하기에 얼마든지 혼자서 직접 신고가 가능합니다.

"2019년 간이과세로 한식음식점을 창업하였습니다. 작년 매출은 1억원 정도가 발생하였습니다. 부가가치세는 신고는 직접 하였는데 납부 금액은 0원이었습니다. 종합소득세가 걱정입니다."

종합소득세는 과세유형(일반,간이)과는 상관이 없습니다.

앞서 보았듯이 음식점일 경우에는 1억 5천만원 (직전년도 매출)을 기준으로 미만이면 간편장부대상자, 이상이면 복식부기의무자로 장부의 유형이 결정됩니다. 종합소득세의 과세기간은 2019년이고, 장부의 유형을 판단하는 시기는 직전년도(2018년)가 됩니다. 작년(2019년)에 사업자등록을 내었으므로 직전년도는 존재하지 않기에 추계신고가 가능합니다.

추계란 소득금액을 추정하여 계산한다는 뜻입니다. 질문의 경우에는 장부기장 없이 필요경비를 단순경비율로 계산할 수가 있습니다. 한식음식점의 경우라면 단순경비율은 89.7%입니다.

필요경비 = 수입금액 × 단순경비율 의 공식으로 계산하면,

1억원 × 89.7% = 89,700,000원

쉽게 얘기하면 장부기장 없이도 89,700,000원의 경비를 인정하여 준다는 말입니다.

수입금액 − 필요경비 = 소득금액, 1억원 − 89,700,000원 = 10,300,000원

소득금액은 10,300,000원이 됩니다. 여기서 소득공제를 받고 세율을 곱한 뒤 세액공제를 받으면 종합소득세가 결정이 됩니다. 사업을 시작한 다음해의 종합소득세는 추계신고가 가능하기에

직접 신고도 충분히 가능합니다.

종합소득세를 적게 내는 방법 중 하나는 소득공제의 활용입니다. 공제에는 소득공제와 세액공제 두 가지가 있습니다. 심지어 소득공제를 받을 수 있는 대상이 있음에도 신고를 제대로 하지 않아 소득공제를 받지 못하는 경우도 종종 발생합니다.

소득공제는 아래와 같이 기본공제와 추가공제로 나뉩니다.

▶ **기본공제 (1인당 150만원 공제)**

본인 , 배우자 (소득이 없거나 환산소득이 100만원 이하인 자), 60세 이상인 본인 또는 배우자의 직계존비속, 본인 또는 배우자의 형제자매 중 20세 이하이거나 60세 이상인 자, 국민기초생활보장법에 의하여 급여를 받는 자, 아동복지법에 따라 가정 위탁을 받아 양육하는 아동으로서 해당 기간에 6개월 이상 직접 양육한 위탁아동

▶ **추가공제**

1. 인적공제 대상자가 70세 이상인 경우 100만원, 장애인인 경우 200만원,
2. 부녀자공제 50만원 (사업주가 여성이며 종합소득금액

3,000만원 이하인 경우)

  3. 한부모가정 공제 100만원 (2와 중복불가)

"환산소득이라는 용어가 나왔는데요. 좀 쉽게 설명 부탁드립니다."

환산소득이 100만원 이라는 것은 예를 들어 근로소득의 경우라면 총 급여 500만원 이하의 경우를 말합니다. 근로소득이 500만원을 넘어가면 소득공제를 받을 수 없습니다.

소득공제를 받을 항목을 추가로 설명 드리겠습니다.

▶ 국민연금보험료 공제

과세기간동안 납부한 국민연금보험료에 대해 본인부담금 전액 공제

▶ 노란우산공제

종합소득세 신고 시 소득공제가 되며 사업을 하다 잘못된 경우 압류 자체가 불가능 합니다.

종합소득세 절세 효과는 200만원부터 최대 500만원까지 소득공제를 혜택을 받을 수 있습니다. 매월 25만원씩 1년

동안 납부하면 300만원을 납부하게 됩니다. 소득금액이 1억 5천만원 이하이면 300만원 전액을 소득공제 받을 수 있습니다.

복수 사업장일 경우
장부 유형 판단 기준

“**저**는 사업자가 3개입니다. 제조업으로 수입금액은 1억원, 도매업으로 5천만원, 부동산임대업으로 1천만원, 총 수입금액은 1억 6천만원 입니다. 간편장부대상자인가요? 복식부기의무자인가요?”

직전년도 사업장이 2개 이상이거나 업종이 서로 다른 경우에는 아래의 계산법으로 환산 수입금액을 계산합니다.

주업종 수입금액 + 주업종외 수입금액 × 주업종 기준금액 / 주업종외 기준금액

(주업종은 수입금액이 가장 큰 업종이 됩니다.)

질문의 경우에는 주업종이 제조업이 됩니다. 환산 수입금액을

계산해보면

　1억원 + 1천만원 × 1억 5천만원 / 7천 5백만원 + 5천만원 × 1억 5천만원 / 3억원 = 1억 4천 5백만원

　환산한 수입금액이 기준금액 1억 5천만원(제조업) 미만이므로 간편장부대상자입니다. 주의할 점은 2개 이상의 사업장이 있는 경우에는 사업장별로 거래 내용이 구분될 수 있도록 각 사업장별 간편장부를 작성해야 합니다.

　앞장에선 소득공제를 살펴보았는데 세액공제에 대해서도 간단히 정리해보겠습니다.

　세액공제란 산출된 세액에서 아래의 조건이 되면 공제를 받는 것을 말합니다.

1. 자녀세액공제

　기본공제 대상에서 해당하는 자녀가 있는 경우

　(1명: 15만원, 2명: 30만원, 3명 이상일 경우: 2명을 초과한 1인당 30만원씩 추가)

2. 6세 이하 자녀 세액공제

　기본공제 대상에서 6세 이하 자녀가 있는 경우

　(6세 이하 자녀 1명: 0원, 2명 이상: (6세 이하 자녀 인원 – 1)

× 15만원)

3. 출산 입양 세액공제

해당 과세기간에 출생, 입양 신고한 경우

(1인당 30만원)

4. 연금저축 세액공제

사업자 본인 명의로 2000.1.1 이후에 연금저축에 가입한 경우

(연간납입액(400만원한도) × 12%)

공동사업자
지분 비율의 중요성

"자업자등록이 되어 있습니다. 세무 공부를 하다 보니 종합소득세 절세법으로 공동명의를 하게 되면 세금이 적게 나온다하여 친구와 함께 공동사업자를 하려고 합니다. 사업자등록을 할 때 혼자가도 되나요?"

동업을 할 친구와 같이 세무서에 가는 것이 가장 빠른 방법입니다. 사전에 공동사업자 약정서를 작성할 때 지분 비율을 어떻게 나눌지를 결정하세요. 각자 신분증, 기존 사업자등록증 원본을 지참하여 사업자등록 정정 신청을 하면 됩니다.

공동사업자는 지분 비율이 매우 중요합니다. 추후 종합소득세 신고 시 수입금액이 지분 비율만큼 나누어지기 때문입니다. 종합소득세 세율은 누진세 구조(전체 소득금액은 동일해도 둘로 나누면 적용되는 세율이 낮아집니다.)이므로 지분 비율

만큼 매출이 나눠지면 종합소득세가 줄어들게 되는 것입니다.

"가족 창업을 고민 중입니다. 동업이 유리할까요? 직원으로 등록하는 것이 유리할까요?"

동업을 하게 되면 종합소득세 절세 효과가 있고, 직원으로 등록을 하면 경비처리가 가능하며 건강보험료가 직장으로 전환되는 효과가 있습니다. 동업이 나을지 직원으로 등록으로 하는 것이 나을지는 처한 상황에 따라 조금 다를 수 있습니다.

공동명의로 사업자등록을 하면 소득세 부담은 줄어들지만, 공동명의자 모두 국민연금과 건강보험료를 납부해야 합니다. 동업을 하는 가족이 소유재산이 많다면 국민연금, 건강보험료가 많이 인상될 것이기 때문에 직원등록이 유리한 것으로 보입니다. 재산이 없다면 공동명의로 해도 상관없겠으나 동업가족에게 사업소득이 발생하므로 그 배우자는 소득공제에서 가족공제를 받지 못하게 됩니다.

공동명의로 할지, 직원으로 등록할지는 사업자가 처한 상황에 따라 어떤 소득이 얼마나 발생하는지, 보험료와 관련하여

보유한 재산이 어느 정도인지 등을 고려하여 유리한 방향으로
결정을 해야 합니다.

CHAPTER

03

급여
계산법

2020년 최저임금으로
급여 계산

국 가가 임금의 최저수준을 정하고, 사업주가 정한 수준
이상의 임금을 근로자에게 지급하도록 강제하는
임금을 '최저임금'이라고 합니다. 직원을 1명이라도 채용하고
있는 사업장은 반드시 지켜야 합니다. 종업원과 임금에 대한
합의를 하고 지급하여도 무효가 됩니다. 위반 시 3년 이하의
징역 또는 2,000만원 이하의 벌금이 부과됩니다.

정규직, 임시직, 계약직, 일용직, 아르바이트 등 고용형태에
상관없이 모든 근로자에게 적용됩니다. 2020년 최저임금
8,590원이며, 이를 월급으로 계산하면 최저월급(209시간)은
1,795,310원이 됩니다.

"최저임금에 산입되는 임금은 무엇이고 제외되는 임금은
무엇인가요?"

2019년 법이 개정되어 기존에 포함되지 않았던 상여금과 식비, 숙박비, 교통비 등으로 지급하는 일부 금액이 최저임금을 산정할 때 포함됩니다. 매월 1회 이상 정기적으로 지급하는 상여금과 현금으로 지급하는 복리후생비의 경우 2020년 최저임금을 기준으로 산정된 월 환산액의 20%, 5%를 초과하는 부분은 최저임금에 산입합니다. 최저임금 8,590원을 기준으로 계산하면 상여금 359,062원, 복리후생비 89,766원이 기준 금액이 됩니다. 결혼수당, 연차휴가 근로수당, 연장근로수당, 근로자의 가족수당, 주택수당, 통근수당 등은 최저임금에 산입되지 않습니다.

"임금을 구성할 때 각종 수당을 나누는 이유는 무엇인가요?"

회사 사정으로 임금을 삭감할 상황이 생기면 기본금과 달리 수당은 상황에 따라 줄이거나 없애기가 편하기 때문입니다. 통상임금을 낮추는 역할을 하기에 초과근무에 따른 연장, 야간, 휴일 수당 등의 가산금이 줄어드는 효과도 있습니다. 평균임금을 낮추는 역할을 하기에 퇴직금도 낮아집니다.

그러나 최근 대법원 판례는 근로자가 사용자로부터 받는 모든 금품을 포함하는 것으로 확정되었습니다. 임금 구성을 복잡하게 할 이유가 점점 사라지는 것이죠.

그럼 법정근로시간을 근무하는 근로자의 월 급여를 근무시간을 기준으로 계산해 보겠습니다. 먼저 1주 근무시간을 계산해 볼까요.

40시간(법정근로시간) + 8시간 (주휴시간) = 48시간

그럼 한 달 근무시간을 계산해볼까요.

48시간(1주 근로시간) × 4.345주 (1개월 평균) = 209시간

이제 월 급여를 계산해 볼까요.

209시간 × 8,590원 = 1,795,310원

한 달 급여액은 1,795,310원이 계산됩니다.

2020년 최저임금으로
주 6일 근로자의 월급 계산

임금지급의 4대원칙이라 하면 직접불, 전액불, 통화불, 정기불의 원칙을 말합니다. 쉽게 풀이하면 임금은 근로자에게 전액을 통화로 정기적으로 지급해야 한다는 것입니다. 4대원칙을 위반하는 경우에는 3년 이하의 징역 또는 2천만원 이하의 벌금에 처해질 수 있습니다.

"직원에게 돈을 빌려주었다고 자기에게 해당 직원의 임금을 달라고 합니다."

'직접불의 원칙'은 근로자에게 직접 지급해야 함을 뜻합니다. 질문의 경우와 미성년자인 직원의 부모가 임금을 받아가는 것도 위법입니다. '통화불의 원칙'이란 우리나라에서 통용되는 화폐로 지급함을 뜻합니다. '정기불의 원칙'이란 임금을 월

1회 이상 정해진 기일에 지급함을 뜻합니다. 일급, 주급으로 주는 것은 상관없으나 1개월을 넘기는 것은 정기불의 원칙에 위배됩니다. '전액불의 원칙'이란 전액을 주어야 한다는 뜻입니다.

"직원이 돈을 빌려갔는데 매달 나누어 갚기로 하였습니다. 급여에서 공제를 하고 줘도 되나요?"

전액불의 원칙에 의거하여 일단 근로자에게 임금은 전액 지급해야 합니다. 그런 후에 다시 상환하기로 한 금액을 받아야 합니다. 단, 직원이 직접 회사에 갚아야 할 돈을 임금에서 공제하고 지급해줄 것을 요청한 경우라면 가능합니다. 직원의 요청이 직원의 자유로운 의사에 기한 것이 확실하다면 상계를 인정해줍니다.

"김 사장님의 직원들의 근무 조건은 총 근무시간은 9시~18시이고 휴게시간은 12시~13시, 시급은 8,590원인 근로자로 주 6일 근무합니다. 월 급여는 얼마를 줘야 할까요?"

먼저 1주 근무시간을 계산해 볼까요.

8시간(1일 근무시간) × 6일 = 48시간

1주 연장 근로시간을 계산해 볼까요.

8시간 (48시간 − 40시간) × 50% (할증) = 4시간

주휴시간을 계산해 볼까요.

40시간 / 40시간 × 8시간 = 8시간

1주 임금을 지급해야 할 총 시간을 계산해 볼까요.

48시간 + 4시간 + 8시간 = 60시간

한 달 임금을 지급해야 할 시간을 계산해 볼까요.

60시간 × 4.345주 = 260.7 시간

월 급여를 계산해 볼까요.

261시간 × 8,590원 (2020년 최저 시급) = 2,241,990원

김 사장님의 주 6일 근무하는 직원의 한 달 급여는 2,241,990원이 됩니다.

2020년 최저임금으로 일용직 근로자의 급여 계산

근로자란 직업의 종류와 관계없이 임금을 목적으로 사업장에 근로를 제공하는 사람을 말합니다. 아래와 같이 분류할 수 있습니다.

▶ **계약기간에 따른 분류**
- 정규직 근로자: 비정규직 근로자가 아닌 모든 근로자
- 비정규직 근로자: 계약기간이 있는 근로자, 단시간 근로자, 일용 근로자

▶ **근로시간에 따른 분류**
- 통상 근로자: 단시간 근로자와 대비되는 일반 근로자
- 단시간 근로자: 근무시간이 일반근로자보다 짧은 근로자

▶ **4대보험에서의 분류**
- 상용 근로자: 일용 근로자를 제외한 근로자

• **일용 근로자: 일일단위의 계약이 체결되는 근로자**

"2020년 최저임금이 8,590원으로 확정되었네요. 오전 8시부터 24시까지 근무 (휴게시간은 12시~13시, 19시~20시)하는 일용직 근무자의 일당은 얼마인가요?"

먼저 근무 시간부터 계산해 볼까요.

16시간(8시~24시) − 2시간 (휴게시간) = 14시간

연장근로에 따른 가산 시간을 계산해 볼까요.

(14시간 − 8시간) × 50%(할증) = 3시간

야간근로에 따른 가산 시간을 계산해 볼까요.

2시간(22시 이후 근무 한 시간) × 50%(할증) = 1시간

임금을 지급해야 할 총 시간은 아래와 같습니다.

14시간 + 3시간 + 1시간 = 18시간

지급해야 할 일당은 18시간 × 8,590원 = 154,620원이 됩니다.

하루 무단 결근한 직원의 급여 계산

"1주 근로시간은 40시간이고 월 급여를 209만원을 받는 직원이 있습니다. 이 직원이 하루를 무단 결근을 하면 월 급여를 얼마를 주어야 하나요?"

우선 시급을 계산하여 일급을 계산합니다.

시급 계산: 209만원 / 209시간 = 1만원

일급 계산: 1만원 × 8시간 = 8만원

그리고 주휴수당을 계산합니다.

주휴수당: 40시간 / 40시간 × 8시간 × 1만원 – 8만원

마지막으로 차감할 금액을 계산합니다. 위 직원은 하루분의 급여와 결근을 하루 했기에 그 주의 주휴수당도 차감을 해야 합니다.

차감할 임금: 8만원 (하루분 임금) + 8만원 (주휴수당) = 16만원

지급해야 할 급여는 209만원 - 16만원 = 193만원이 됩니다.

근로기준법 제 23조에 사용자는 근로자에 대하여 정당한 이유 없이 해고, 휴직, 정직, 전직, 감봉 기타 징벌을 하지 못하는 것으로 규정하고 있습니다. 정당한 이유에 의한 해고라도 절차상 하자가 있는 경우에는 해고를 무효로 간주되므로 해고절차는 반드시 지켜야 합니다.

근로자는 직업선택의 자유와 강제근로를 금지하고 있기 때문에 언제든지 사직의 의사를 표현할 수 있습니다. 그러나 갑자기 그만 두게 되면 업무상 많은 지장이 있습니다. 그런 경우를 대비하여 사직통보규정을 만들어 놓으면 근로자의 갑작스런 퇴사로 인한 경영 손실을 줄일 수 있습니다.

사직통보 규정을 만들고 직원들에게 숙지시켜야 합니다. 사직을 원하는 직원은 퇴직일 이전 30일 전에 사용자에게 통보하여 승인을 받아야 하고 만약 사전에 통보하지 않아 사용자의 승인을 받지 않은 경우에는 무단결근으로 처리가 됩니다. 무단결근에 대하여 회사 규정에 따른 감봉 등의 처분을 받을 수 있습니다.

근로자가 무단결근을 하여 사용자가 사표를 수리할 수 없게 되면 1개월이 경과해야 사직의 효력이 발생합니다. 임금을 월급제 등 기간급으로 정한 경우에는 사표를 제출한 당기 후의 임금 지급기가 경과해야 효력이 발생되기에 퇴직금 지급 시기는 많이 지연됩니다.

예를 들어 매월 말일 급여를 지불하는 회사라면 1월 5일 사직서를 제출하고 사용자가 이를 수리하지 않았다면 3월 1일이 퇴직일이 됩니다.

퇴직금은 최근 3개월간의 평균임금으로 계산이 되는데, 무단 결근으로 감봉 및 무급으로 처리된 기간이 길수록 평균임금은 축소되어 퇴직금이 줄어들게 됩니다.

주휴수당을 포함한
시급 계산

법정휴일이란 주휴일과 근로자의 날(매년 5월 1일)을 말합니다. 주휴일은 1주 동안 소정 근로일 수를 개근한 경우 1일의 유급휴일을 부여하는 것을 말합니다. 단시간 근로자라 하더라도 1주에 15시간 이상을 근무하면 주휴일을 부여해야 합니다.

1주일 중 소정근로일수가 5일인 경우 법정 유급휴일은 1일(통상 일요일)입니다. 꼭 일요일이 아니어도 되고 매주마다 주휴일이 같아야 하는 것도 아닙니다. 근로계약 체결 시 주휴일을 특정해야 합니다.

주휴일을 변경해야 한다면 사업주가 일방적으로 변경할 수 없고 근로자의 동의를 구해야 합니다. 교대제 근무형태와 같이 특정한 휴일을 주휴일로 정하기가 어려운 경우에는 근로계약서에 '휴일은 근무스케줄 표에 따른다'라고 규정하면 됩니다.

"일용직 근로자도 주휴일을 보장해야 하나요?"

주휴일은 계약 형태에 상관없이 요건을 충족하면 부여해야 합니다. 일용직 근로자라 하더라도 근로관계가 반복되어 일정 기간을 계속 근로하여 주휴일의 요건을 충족했다면 주휴일을 부여하고 주휴수당을 지급해야 합니다. 연차휴가에 대한 규정은 취업규칙에 상세히 정하고, 근로계약서에는 취업규칙에 따른다고 해도 무방합니다.

휴일에 대한 근로계약서 작성 예시

휴일	1. 주휴일은 매주 일요일로 하고 근로자의 날(5월 1일)은 유급휴일로 한다. 2. 제 1항에도 불구하고 1주 동안 소정근로일을 근로하지 않은 경우에는 주휴일을 무급으로 한다. 3. 제 1항에서 정한 휴일이 중복될 경우에는 하나의 휴일로 취급한다. 4. 제 1항의 주휴일과 회사에서 지정한 휴일, 휴가는 업무상 필요에 의해 사전 동의로 다른 근로일로 조정, 대체할 수 있다.
연차	연차휴가에 관한 내용은 근로기준법에서 정하는 연차휴가에 관한 규정을 준수한다.

"공휴일 (빨간 날)은 법정휴일이 아닌가요?"

공휴일은 관공서의 공휴일에 관한 법률에 따른 휴일이지 일반 근로자들의 법정휴일이 아닙니다. 공무원들에게 주어지는 휴일입니다. 노사 간 합의하에 유급휴무, 무급휴무로 정할 수 있습니다. 취업규칙 등에 무급휴무로 정한 경우에는 종업원이 출근하지 않으면 임금을 주지 않아도 됩니다. 그러나 유급, 무급을 정하지 않은 경우에는 수년간 관례적으로 근로자를 쉬게 하고 임금을 지급해 왔으면, 해당 공휴일은 유급휴무로 인정하게 됩니다.

근로기준법 시행령의 개정으로 민간기업도 2020년 1월 1일부터는 공휴일을 유급휴일로 근로자에게 부여해야 합니다. (300인 이상 사업장부터 순차적으로 적용됩니다.)

"최저시급(2020년 8,590원)으로 1주 20시간을 근무하는 아르바이트 직원에게 주휴수당을 포함하여 지급해야 할 시급은 얼마인가요?"

먼저 주휴수당을 먼저 계산해 볼까요.

주휴수당은 '1주일 총 근로시간 / 40 × 8 × 시급'으로 계산됩니다.

20시간 / 40시간 × 8시간 × 8,590원 = 34,360원

주급을 계산해 볼까요.

(8,590원 × 20시간) + 34,360원 = 206,160원

시급으로 환산해 볼까요.

206,160원 / 20시간 = 10,308원

주휴수당을 포함한 시급은 10,308원이 됩니다.

통상임금, 미사용 연차수당 계산법

근로자에게 정기적, 일률적, 고정적으로 소정근로 또는 총 근로에 대해 지급하기로 정한 시간급 금액, 일급 금액, 주급 금액, 월급 금액 또는 도급 금액을 통상임금이라고 합니다.

'정기적'이란 근로계약에서 정한 근로의 대가로 지급될 어떤 항목의 임금이 일정한 주기에 따라 지급되는 것을 말합니다. '일률적'이란 모든 근로자나 일정한 기준에 해당되는 근로자에게 무조건 지급되는 것을 말합니다. '고정적'이란 지급 여부가 업적이나 성과에 관계없이 사전에 확정되어 있는 것을 말합니다.

위의 요건을 갖춘 기술수당, 근속수당, 가족수당, 성과급, 상여금 등은 모두 통상임금에 포함됩니다. 그러나 부양가족수에 따라 달리 지급되는 가족수당과 근무실적을 평가하여 지급여부가 결정되는 상여금과 사용자의 재량에 따라 일시적으로 지급하는 상여금은 통상임금이 아닙니다. 통상임금은 해고예고수당, 연장 야간 휴일 근로수당, 연차수당, 주휴수당, 생리수당, 고용보험법상 지원금 등의 산출의 기준이 되는 금액입니다.

"월 급여 209만원과 정기상여금 600%를 지급받는 근로자가 퇴사를 할 경우 연차휴가 10일을 사용하지 않았다면 미사용 연차수당을 얼마를 지급해야 하나요?"

먼저 통상임금을 계산해 볼까요.

(209만원 × 12개월) + (209만원 × 600%) = 3,762만원

시급으로 계산해 볼까요.

3,762만원 / 12개월 / 209시간 = 15,000원

일급을 계산해 볼까요.

15,000원 × 8시간 = 12만원

미사용 연차수당을 계산해 볼까요.

12만원 × 10일 = 120만원

미사용 연차수당으로 120만원을 지급해야 합니다.

일용직
평균임금 계산법

2019년 1월 1일부터 일용직 비과세 한도가 15만원으로 상향 조정되었습니다.

- **일용직 세금 계산 방법**

  소득세 = (일 급여 − 15만원) × 6% × (1 − 0,55)%

  지방소득세 = 소득세 × 10%

위 공식으로 계산해 보면 일용직 일당이 15만원 이상일 경우 세금이 과세 됩니다.

일용직 일당이 15만원이 넘어가더라도 세금을 내지 않는 경우도 존재합니다.

예를 들어 일당이 187,000원이라 가정해보면,

(187,000원 − 150,000원) × 6% × (1 − 0,55)% = 999원

그런데 세법에서는 소액부징수라는 규정이 존재하여 세금이 1,000원 미만이면 징수하지 않게 됩니다. 다만, 한 달 중 187,000원의 일당을 받는 날이 하루라면 소액부징수 규정이 적용되지만, 187,000원으로 10일 근로를 제공했다면 9.990원으로 규정이 적용되지 않고 분리과세가 됩니다.

일용직 근로자에게 소득을 지급하였다면 이에 대한 지급명세서를 제출해야 합니다. 지급명세서를 제출해야 일용노무비 비용을 인정받을 수 있습니다. 이를 제출하지 않으면 지급 총 급여액의 1%가 가산세로 부과됩니다.

지급명세서에는 근로자의 인적사항 (성명, 주민등록번호, 주소)과 사업체의 직종, 노무제공일수, 노무비총액, 소득세, 주민세, 차감지급액, 영수인 등을 기재해야 합니다. 지급명세서 제출 기한은 해당 노무비를 지급한 지급일이 속하는 분기의 마지막 달의 그 다음달 10일까지로 변경이 되었습니다. (휴업, 폐업 또는 해산한 경우에는 사유발생일이 속하는 달의 다음 달 10일까지) 예를 들면 1분기(1월~3월) 노무비를 지급하면 4월 10일까지 지급명세서를 제출해야 합니다. 종전에는 말일까지였지만 앞당겨진 만큼 잘 챙겨 가산세를 무는 일이 없어야겠습니다.

일용직 근로자가 산재가 발생한 경우 보상액을 산출해야 하는데 산재보상액은 평균임금을 기초로 합니다. 일용직의 평균임금은 월급제 근로자처럼 3개월 평균으로 산출할 수가 없습니다. 일용직은 일이 있을 때도 있고 없을 때도 있기 때문입니다.

이러한 이유로 일용직의 산재보상 시 일용직의 평균 임금 산출 방법은 통상적으로 한달 동안 약 22일 정도를 근무한다고 보고, 통상근로계수 73/100을 적용합니다. 가령 일용직 일당이 10만원이라면, 1일 평균임금은 10만 × 73/100 = 7만 3천원으로 계산됩니다.

퇴직금 미지급
지연이자 계산법

"직원이 돈이 급히 필요하다고 퇴직금을 먼저 받고 싶다고 합니다. 직원은 퇴직 시 퇴직금을 절대 청구하지 않겠다는 각서를 쓰겠다고 하는데 어떻게 할까요?"

갑과 을이 모두 자유의사로 합의하여 쌍방 모두가 좋은 것을 '계약자유의 원칙'이라 합니다.

그러나 근로기준법의 대다수는 '강행규정'으로 당사자의 의사와는 관계없이 적용됩니다. 강행규정에 위배되는 내용을 당사자 간의 합의, 동의서, 각서 등은 모두 무효입니다.

질문의 경우도 근로자퇴직급여보장법 조항은 강행규정입니다. 그러기에 직원이 적은 각서 또한 효력이 없습니다. (공증을 받았다 해도 마찬가지입니다.)

사용자가 계속근로기간 1년에 대해 30일분 이상의 평균 임금을 퇴직하는 근로자에게 지급하는 금액을 퇴직금이라 합니다. 형식적으로 일용 근로계약을 체결하였으나 계속 반복 하여 고용해 온 일용직 근로자 또는 단기간 근로계약을 계속 반복적으로 갱신 또는 연장하는 경우에도 전체 근무연수가 1년 이상이면 퇴직금을 지급해야 합니다.

"퇴직금을 언제까지 지급해야 하나요?"

퇴직사유 발생일로부터 14일 이내에 지급해야 합니다.

"근로자가 퇴직금 중간 정산을 요구합니다."

근로자퇴직급여 보장법에 의해서 2012년 7월 26일 이후로 퇴직금 중간정산이 금지되었습니다. 그러나 아래의 사유에 해당 하면 퇴직금 중간정산이 가능합니다.

(무주택자가 본인 명의로 주택을 구입, 주거를 목적으로 전세금을 부담하는 경우, 6개월 이상 요양을 필요로 하는 근로자 및 부양가족이 질병이나 부상한 경우, 천재지변 등으로 피해를 입은 경우, 근로자가 파산선고/개인회생절차 결정을

받은 경우, 단체협약 및 취업규칙 등을 통하여 임금피크제를 실시하는 경우, 근로시간 단축으로 퇴직금이 감소한 경우)

"근로계약기간을 1년으로 하여 매년 퇴직금을 포함한 연봉으로 지급해도 되나요?"

퇴직금을 매년 중간 정산한 것과 동일한 효과가 있으므로 법으로 금지하고 있습니다. 만약 상호간의 합의에 의하여 불가피하게 지급해야 하는 상황이라면 '퇴직금 지급 확약서' 받아 두어야 합니다. 향후 노사문제로 법적 분쟁이 발생하면 지급한 퇴직금을 부당이득으로 하여 반환 청구소송을 진행할 때 필요한 증거로 활용할 수 있습니다.

회사는 근로자가 퇴직한 후 14일 이내에 모든 임금, 퇴직금, 기타 일체의 금품 등을 지급해야 합니다. 이를 위반할 경우에는 형사 처벌 대상이 될 뿐 아니라 지연이자까지 지급을 해야 합니다. 퇴직한 후 14일 내에 지급하지 않은 경우 그 다음 날부터 지급하는 날까지 연 20%의 이자를 지급해야 합니다.

2018년 11월 1일 퇴직한 근로자에게 임금, 퇴직금으로 지급해야 할 금액이 1천만 원이고, 해당 금액을 12월 31일에 지급할 경우 지연이자는 얼마인가요?"

　지연일부터 계산해보면 2018년 11월 15일부터 2018년 12월 31일까지 총 46일이 됩니다.

　지연이자는 1천만 원 × 20% × 46일 / 365일 = 252,054원이 됩니다.

상시근로자 수
계산법

노무 공부를 하다 보면 5인 미만 사업장인지, 5인 이상 사업장인지에 따라 규정이 달라지는 것을 볼 수 있습니다. 여기서 5인은 상시 근로자수를 말하는 것입니다.

쉽게 예를 들어볼게요. 9명의 직원을 고용하는 김 사장님 식당, 월~금 4명이 근무하고, 주말에는 5명이 근무한다고 할 때, (주말 근로자는 15시간 미만으로 주휴수당이 없다고 가정) 주중 근로자는 주휴일 포함해서 총 6일을 근무하는 것이고, 주말 근로자는 총 2일을 근무하는 것입니다.

그러므로 6 + 6 + 6 + 6 + 2 + 2 + 2 + 2 + 2 = 34가 나옵니다.

34를 1주일(7)로 나누어주면 약 4.86이 되어서 5인 미만 사업장이 되는 것입니다. 위 계산방식으로 계산하여 상시 근로자가 5인 이상이 되면 당연 연차도 챙겨야 합니다.

"파견 근로자도 상시근로자에 포함되나요?"

상시 근로자란 파견 근로자, 도급(용역)근로자 등 간접 고용되는 근로자를 제외하고 직접 고용되는 근로자는 고용 형태를 불문하고 모두 포합됩니다. 실제 고용되어 있는 기간제 근로자, 단시간 근로자, 일용직 근로자, 계약직 근로자도 상시근로자입니다. 근로계약의 형식에 의해 일정기간 계속되어야만 상시 근로자로 판단하는 것은 아닙니다.

상시 5인 미만의 근로자를 사용하는 음식점이라면 근로기준법의 일부가 적용되지 않습니다.

적용이 되지 않는 주요 내용은 아래와 같습니다.

적용배제 내용	적용이 되지 않는 결과
해고 동의 제한	특별한 제한 없이 임의로 근로자를 징계하거나 해고할 수 있다. 단, 출산휴가기간 및 그 후 30일, 산재요양기간 및 그 후 30일 동안은 어떠한 이유로도 해고가 금지된다.
연차, 생리 휴가	연차, 생리휴가를 부여할 법적 의무가 없다.
근로시간의 제한	1일 8시간, 1주 40시간의 법정 근로시간제가 적용되지 않으며, 연장근로에 대한 제한도 없다.
연장, 야간, 휴일근로에 따른 할증임금	연장, 야간, 휴일근로에 대해서 할증임금(50%)을 지급할 의무가 없다.

적용배제 내용	적용이 되지 않는 결과
휴업수당	사용자 측 사정으로 일하지 못했던 기간에 대해서 평균임금의 70%의 휴업수당을 지급할 의무가 없다.

5인 미만의 사업장이라도 적용되는 주요 내용은 다음과 같습니다.

▶ **해고 예고 제도**

정당한 이유 없이도 해고할 수는 있지만, 해고 30일 전에 예고해야 하거나 예고하지 않고 즉시 해고하려면 30일분의 통상임금을 지급해야 한다.

4대보험료 계산법

"**직**원을 고용하면 무조건 4대보험에 가입해야 하나요?" 직원을 단 한명만 고용해도 4대보험에 가입을 해야 합니다. 4대보험 적용 제외대상을 아래표로 정리하였습니다.

구분	국민연금	건강보험	고용보험	산재보험
연령	만 18세 미만 만 60세 이상	제한없음	만 65세 이후 신규취업자	제한없음
초단시간근로자 (주 15시간 미만, 월 60시간 미만)	적용 제외	적용 제외	적용 제외	적용
일용직 근로자 (1개월 미만)	적용 제외	적용 제외	적용	적용

개인사업자 4대보험요율표

구 분	보험요율 (%)		
	근로자	사업주	합계
국민연금	4.5	4.5	9.0
건강보험	3.06	3.06	6.12
장기요양보험(건강보험료의 6.55%)	0.2	0.2	0.4
실업급여	0.65	0.65	1.2
고용안정/ 직업능력개발사업	-	0.25	0.25
산재보험(전문기술서비스업)	-	0.7	0.7
합 계	8.41	9.36	17.77

급여를 기준으로 근로자의 4대보험 부담률은 8.41%, 사업주의 부담률은 9.36%가 됩니다.

4대 사회보험정보연계센터 (www.4insure.co.kr)에서 4대보험 금액을 간단하게 계산할 수가 있습니다.

1. 4대 사회보험정보연계센터 홈페이지 메인화면에서 자료실을 클릭합니다.
2. 자료실에서 보험료 모의계산을 클릭합니다.
3. 보험료 모의계산에서 국민연금을 클릭합니다. 월 급여를 입력하면 국민연금보험료가 자동 계산됩니다.
같은 방법으로 국민건강보험료도 계산이 가능합니다.

CHAPTER
04

개인사업자 절세법,
20문 20답

일반 승용차보다는
사업용 자동차를 구입해야 합니다

승용차(개별소비세가 부과되는 차량)를 사면 개별 소비세, 교육세, 부가가치세가 붙게 되어 차량 구입 금액에 포함이 됩니다.

2,000cc를 초과한 승용차의 공장도가격이 2,000만원이라고 가정하여 세금을 계산해 볼까요.

▶ **개별소비세**

2,000만원 × 10% = 200만원

(승용차의 개별소비세율은 2,000cc를 초과할 때 10%, 그 이하는 5% 입니다.)

▶ **교육세(개별소비세의 30%)**

200만원 × 30% = 60만원

▶ **부가가치세**

(공장도가격 + 개별소비세 + 교육세) × 10% = 2,260,000원

▶ **소비자가격**

공장도가격 + 개별소비세 + 교육세 + 부가가치세 = 24,860,000원

▶ **취득세**

부가가치세를 제외한 금액의 7%

= (24,860,000 – 2,260,000) × 7% = 1,582,000원

2,000만원짜리 승용차를 구입하면 취득 시, 총 세금은 개별소비세 + 교육세 + 부가가치세 + 취득세 = 6,442,000원 입니다.

만약 동일한 금액의 사업용자동차(개별소비세가 부과되지 않는 차량)를 구입하였다면, 개별소비세와 교육세도 없고 부가가치세는 매입세액공제가 가능하기 때문에 취득세만 납부하면 됩니다.

동일한 조건이라고 가정하면 사업용자동차를 구입한다면 구입과 동시에 4,860,000원이 절약되는 것입니다. 이뿐만이 아닙니다. 사업용자동차는 통행료, 주차비, 유류비, 수리비,

자동차세, 보험료 등이 사업자의 경비로 인정이 됩니다. 연간 차량 관련 비용(감가상각비 + 유지비) 1,000만원까지는 운행 일지를 작성하지 않아도 됩니다.

"사업용 자동차를 조금 자세히 설명해 주세요."

개인사업자가 경차, 9인승 이상의 승합차, 화물차 등을 사업과 관련해 사용할 목적으로 구입하거나 임차할 때 자동차 수리비와 기름 값 등을 지출하면서 부담하는 매입 부가가치세액은 공제받을 수 있습니다.

단, 위에 해당하는 차종이더라도 구매한 후 개인적으로 사용하거나 배우자와 자녀 등의 편의를 위해 주로 가정에서 사용한다면 공제받았던 매입 부가가치세를 추징당할 수 있습니다. 그래서 업무용 차량의 비용 인정 기준(자동차보험, 유류비, 렌트비 등)을 마련해 두었습니다. 기준에 따라 차량 관련 비용이 연간 1,000만원 이하일 때 운행기록을 작성하지 않아도 전액 비용으로 인정받을 수 있습니다.

세무적인 관점에서
창업의 시기

"다른 것은 모두 배제하고 세무적인 관점으로만 볼 때
언제 창업하는 게 가장 이상적일까요?"

1장에서 간이과세 사업자가 세금 측면에서 얼마나 유리
한가를 살펴보았습니다. 그렇기에 사업의 시작은 간이과세
사업자로 시작하는 것을 추천합니다. 그러나 간이과세 사업자
등록이 불가능한 경우가 있습니다. 이를 간이과세 배제기준
이라고 합니다. 한번 살펴볼까요.

▶ 간이과세 배제업종

제조업이나 광업, 도매업, 부동산임대업, 매매업, 유흥업,
변호사업 등의 경우 원천적으로 간이과세자가 될 수 없습니다.
제조업의 경우에도 제과점이나 양복점 같은 최종 소비자에게

바로 연결되는 업종의 경우 예외도 있습니다. (즉석 판매 제조 가공업도 간이과세가 가능합니다.) 서비스업임에도 네일, 피부 관리 등은 간이과세가 불가능합니다.

▶ **간이과세 배제지역**

간이과세가 가능한 업종이지만 배제되는 지역에 있을 경우 무조건 일반과세자로 사업자를 내야 합니다. 서울의 경우 강남, 대구의 경우 동성로, 부산의 경우 서면 일대 등 중심 상업 지역에 있는 경우가 해당됩니다.

▶ **간이과세 배제건물**

백화점이나 대형 마트 같은 곳이 해당됩니다. 이들 건물에 입점 되어 있는 소규모 점포도 일반과세자로만 등록이 됩니다.

위의 배제기준에 해당하지 않으면 간이과세로 사업을 시작 하고 간이과세기간을 최대한 길게 유지하는 것이 득입니다. 그러므로 매년 1월 간이과세로 시작하는 것이 가장 이상적 일듯 합니다. 연 매출 4,800만원 이상이면 일반과세 사업자로 전환됩니다. (월 400만원으로 이해하는 것이 나을 듯합니다.) 4,800만원이 그렇게 많은 매출이 아니기에 대부분의 사장님들은 다음해 일반과세 사업자로 전환되는 경우가 많습니다.

1월에 오픈을 한다면 내년 6월까지는 부가가치세 신고 시 간이과세 방식으로 하니 18개월 정도 간이과세를 유지합니다. 반대로 12월에 오픈해서 매출이 400만원이 넘어간다면 다음해 6월까지 7개월 정도 간이과세를 유지합니다. 순전히 간이과세 유지기간으로 본다면 1월에 간이과세 사업자로 시작하는 것이 유리할 듯합니다.

사장 본인 급여의
세금처리

　　"개인사업자는 사장 본인의 급여는 비용처리가 되지 않나요?"

　개인사업자는 사장 본인의 급여는 비용으로 인정되지 않습니다. 개인사업자는 법인과 달리 회사 소유가 개인 것이고 사업수익 또한 아무런 제재 없이 사장님의 주머니로 들어갑니다, 급여 자체는 비용으로 인정이 되지 않지만 국민건강보험료는 비용으로 인정이 되고 국민연금은 소득공제를 받을 수가 있습니다.

　급여가 비용으로 인정이 되지 않기에 근로소득자가 아니라 사업소득자에 해당됩니다. 그러기에 근로소득이 있는 직원들과 같이 연말정산을 하는 것이 아니라 5월에 종합소득세를 신고, 납부해야 합니다.

"직원 회식비는 부가가치세 매입세액공제가 된다는데, 맞나요?"

가능합니다. 대신 적격증빙(세금계산서, 신용카드나 현금영수증)을 확보해야 합니다. 당연히 등록한 직원이 존재해야 합니다. 한 가지 주의할 점은 회식하는 식당 또는 술집이 간이과세 사업장이라면 인정이 안 된다는 겁니다.

"거래처 직원들 밥을 사줬는데 매입세액공제가 되나요?"

부가가치세 매입세액공제는 안 되고, 종합소득세 접대비 계정으로 비용 처리는 할 수 있습니다.

사업자등록 신청 시
확정일자를 받아야 합니다

확정일자란 건물소재지 관할세무서장이 그 날짜에 임대차계약서의 존재 사실을 인정해서 임대차 계약서에 기입한 날짜를 말합니다. 건물을 임차하고 사업자등록을 한 사업자가 확정일자를 받아 놓으면 임차한 건물이 경매나 공매로 넘어갈 경우 상가임대차보호법의 확정일자를 기준으로 후순위권리자에 우선에서 보증금을 변제 받을 수가 있습니다. 이런 이유로 확정일자는 사업자등록과 동시에 신청하는 것이 가장 좋습니다.

"따로 준비해야 할 서류가 있나요?"

신규사업자는 사업자등록 신청 시 준비해야 할 서류와 거의 중복이 되니 별도로 준비해야 할 것은 없습니다. 단, 사업자등록 신청 시 임대차계약서의 사업장소재지를 등기부등본의 소재지와 다르게 기재한 경우에는 보호를 받지 못할 수 있으니 철저히 확인을 해야 합니다.

2019년 4월 17일자로 새로운 상가임대차보호법 시행령 일부 개정안이 발효되었습니다. 상가임대차보호법이 적용 기준이 되는 환산보증금이 지역별로 증액되었습니다.

"환산보증금이 무엇인가요?"

상가임대차보호법의 과표가 되는 기준 금액입니다.
계산공식은 보증금 + (월세 × 100) 입니다.
예를 들어, 임차료가 보증금이 5,000만원에 월세 100만원이라면, 환산보증금은 5,000만원 + (100만원 × 100) = 1억 5천만원이 되는 것입니다.
환산보증금은 서울은 6억 1천만원에서 9억원으로 부산·과밀억제권역은 5억원에서 6억 9천만원으로 광역시는 3억 9천만원에서 5억 4천만원으로 그 밖의 지역은 2억 7천만원에서 3억 7천만원으로 상향 조정되었습니다.

"환산보증금 내에 속하면 어떤 보호를 받을 수 있나요?"

2018년 10월 16일 이후 계약 및 갱신 시 최장 10년 (만기 6개월 전부터 1개월 전까지 갱신요구)동안 계약 갱신 요구권을 가질 수 있습니다. 임대차 기간 종료 6개월 전부터 종료 시까지 권리금 보호 회수 기간이 정해집니다. 월세 인상 범위는 5% 입니다.

확정일자를 받아서 보증금 회수 대항력이 생깁니다. (후순위 권리자보다 우선 변제) 3개월 이상 월 임대료 연체 시 임대인이 계약해지 가능하다는 것도 명심해야 합니다.

권리금 회수보호에 관한 법률 규정도 살펴보겠습니다. 권리금은 임대인이 아니고 전 사업주에게 지급하는 돈이라서 임대인 입장에서는 달갑게 여기지 않습니다. 때에 따라서는 이런 권리금에 대한 거래를 방해하는 경우도 있습니다.

이전 상가임대차보호법에서는 임대차기간이 끝나기 3개월 전부터 임대차 종료 시까지는 임대인이 임차인의 권리금 회수를 방해하지 못하도록 규정하고 있습니다.

권리금 회수보호에 관한 법률은 2019년 1월 1일부터 개정되어, 건물주가 임대차 계약 만료 6개월 전부터 임차인이 새로운 임차인을 직접 알아볼 수 있도록 허용하여 권리금을 보장받을 수 있는 기간을 확대하였습니다. 만약 권리금 회수보호 기간

안에 임대인의 방해 행위가 있었다면 임대차보호법에 따라 손해배상을 청구할 수 있습니다.

간이과세 배제기준이 아닌데
간이과세 사업자등록 불가?

공급대가란 '매출액 + 부가가치세'를 의미합니다. 연간 매출액의 기준은 공급대가입니다. 따라서 공급대가 (매출액 + 부가가치세)가 4,800만원을 넘는 경우 일반과세 사업자로 전환이 됩니다. 부동산 임대업의 경우에는 월세 + 보증금에 대한 간주임대료가 4,800만원을 넘어가면 일반과세 사업자로 전환이 됩니다.

1장에서 확인했듯이 간이과세 사업자는 일반과세 사업자에 비해 부가가치세 부담이 매우 적습니다. 간이과세 사업자의 부가가치세는 '공급대가 × 10% × 업종별 부가가치율 − 매입세액 × 업종별 부가가치율' 로 계산이 됩니다.

업종별 부가가치율을 곱하므로 부가가치세가 낮아지는 특혜가 있습니다. 국세청에서는 세금부담을 줄일 목적으로 간이과세 사업자로 위장하는 것을 사전에 막기 위하여 아래의 경우에는 간이과세 배제기준에 해당하지 않더라도 간이과세 사업자로 등록을 불허합니다. (간이과세 배제기준은 127~128쪽에서 자세히 설명했습니다.)

 1. **일반과세 사업자를 보유하고 있는 사업자 (개인택시, 용달차 운송업, 이·미용업 등은 제외)**
 2. **일반과세 사업자로부터 사업포괄양수를 받은 경우**

대부분의 경우 창업의 시작은 간이과세 사업자로 시작하는 것이 세금 부담 측면에선 매우 유리합니다. 그러기에 임대차 계약을 하기 전에 간이과세 배제기준에 해당되는가를 먼저 살펴보는 것이 중요합니다. 간이과세 배제기준은 매년 조금씩 바뀌니 관할 세무서에 확인이 필요합니다.

부부가
각기 다른 사업장을 운영합니다

부 가가치세는 한사람이 운영하는 사업장이 10곳이면
모두 따로 과세가 됩니다. 그러나 종합소득세는 모든
사업장의 소득을 합산하여 과세가 됩니다. 만약 운영하는
사업장 중에 손해가 발생한 사업장이 있는 경우, 이익이 발생한
사업장의 소득에서 차감이 됩니다.

부부가 각기 다른 사업장을 운영한다면 사람별로 각각 과세가
되기 때문에 자녀를 소득이 더 많은 쪽의 부양가족으로 넣어야
소득공제를 더 많이 받을 수가 있습니다. 가령 남편 사업장의
소득이 더 높아서 세율이 24%이고, 아내의 사업장의 소득이 더
적어서 세율이 15%라면, 자녀를 남편 쪽 부양가족으로 넣어야
세금을 더 줄일 수가 있습니다.

세법상 부양가족공제 대상 구분은 아래 표와 같습니다.

관계	일반 명칭	연령 제한	생계 제한	소득 제한
직계 존속	아버지(계부), 어머니(계모), 조(외)부모, 증조(외)부모	만 60세 이상인 자	생계를 같이 하는 부양 가족	연간 환산소득금액 100만원 이하
직계 비속	자녀, 손자, 외손자	만 20세 이하인 자		
형제 자매	동기간, 시누이, 시동생, 처남, 처제	만 20세 이하, 만 60세 이상인 자		
입양자	자녀	만 20세 이하인 자		
장애인	모든 관계	연령제한 없음		

연간 환산 소득금액 = 총 급여 – 비과세소득 – 근로 소득공제

가령 연간 소득금액 100만원 이상인 맞벌이 부부는 서로 공제대상에 포함되지 않습니다.

"이혼한 부인이 생계를 같이 하고 있는데, 이런 경우는 소득 공제가 되나요?"

질문의 경우에는 생계를 같이하고 있어도 공제대상에서 제외 됩니다.

매출이 높다고
법인전환?

단순히 종합소득세율보다 법인세율이 낮다는 이유만으로 법인전환을 고려하는 사장님들을 보게 됩니다.

음식점을 운영하는 김 사장님, 연 매출이 10억원인데 법인전환을 고려합니다. 김 사장님이 법인으로 전환하는 순간 늘어나는 부가가치세를 계산해 볼까요. 개인사업자와 법인사업자는 의제매입세액 공제율과 공제한도가 차이가 있습니다. 각각의 경우에 의제매입세액 공제 금액을 계산해 보겠습니다.

1장에서 확인했듯이 김 사장님이 개인사업자일 경우에 의제매입세액 공제한도는 과세표준의 45%이고 공제율은 8/108입니다.

10억원의 45%는 4억 5천만원이므로 4억 5천만 × 8/108 = 33,333,333원

김 사장님이 법인사업자일 경우에 의제매입세액 공제한도는 과세표준의 35%이고 공제율은 6/106 입니다.

10억원의 35%는 3억 5천만원이므로 3억 5천만원 × 6/106 = 19,811,320원

위 계산으로 알 수 있듯이 법인으로 전환하면 13,522,018원의 부가가치세가 늘어납니다. 이게 다가 아닙니다. 법인사업자는 신용카드 매출세액공제도 받을 수가 없습니다. (개인사업자도 10억원을 초과하면 신용카드 매출세액공제를 받을 수가 없습니다.) 단순히 법인세율이 낮다고 하여 법인전환을 고려하는 것은 바람직하지 않습니다.

법인세 계산법에 대해서도 간단히 정리해 보겠습니다.

> **법인세 = (익금 – 손금) × 세율**

법인세는 손익계산서를 통해 확정된 당기순이익을 기초로 세무조정을 거친 사업연도 소득금액 (익금 – 손금)에 법인세율을 곱하여 계산됩니다.

법인세 세율

과세표준	세율
2억원 이하	10%
2억원 초과 ~ 200억원 이하	20%
200억원 초과 ~ 3,000억원 이하	22%
3,000억원 초과	25%

세무조정
(확정된 당기순이익에서 손금과 익금 관련된 항목을 차감하여 각 사업연도 소득금액을 산정하는 것)

회계결산	세무조정	법인세 신고
수익	+ 익금산입, - 손금불산입	익금
비용	+ 손금산입, - 익금불산입	손금
당기순이익	→	사업연도 소득금액

세무조정 시 조정되는 항목

더하는 항목	익금산입	간주임대료, 가지급금 인정이자
	손금불산입	벌금, 과태료, 접대비 한도초과액 특정차입금의 지급이자
차감하는 항목	손금산입	감가상각비, 대손요건을 충족한 대손금
	익금불산입	자산평가이익, 주식발행초과금

　재무제표의 결산은 수익에서 비용을 차감한 당기순이익을 구하는 것이고 법인세 신고는 익금에서 손금을 차감한 각 사업연도 소득금액을 구하여 세금을 계산합니다. 수익과 익금,

비용과 손금은 거의 동일하기 때문에 익금산입, 익금불산입, 손금산입, 손금불산입 등으로 세무조정을 하여 각 사업연도 소득금액을 구하는 것입니다.

프랜차이즈 가맹비 세금계산서 받아야 하나요?

" **프** 랜차이즈 치킨집을 준비 중입니다. 본사에 지급하는 가맹비도 세금계산서를 받을 수가 있나요?"

가맹비의 성격이 중요합니다. 가맹비가 재료 공급의 담보 성격으로 받는 보증금이라면, 나중에 돌려받기 때문에 세금 계산서 발급 대상이 아닙니다. 그러나 돌려받지 못하는 돈 이라면 세금계산서를 발급 받아야 합니다.

프랜차이즈 본사의 재료 공급비, 로열티, 교육비 등은 세금계산서를 발급 받아야 합니다. 매입 세금계산서를 발급 받게 되면 적격증빙이므로 부가가치세 매입세액공제가 가능하고 종합소득세 필요경비 처리 또한 가능합니다.

"제가 계약하려는 프랜차이즈는 로열티를 매출의 일정비율로 수수합니다. 주의할 점이 있나요?"

　로얄티를 지급하는 방식이 매출에 대한 일정률을 지급하는 방식이라면, 세무서에서는 로얄티 지급액을 기준으로 가맹점의 매출을 역산하여 확인이 가능하기에 세금 신고 시 매출 누락이 없도록 주의해야 합니다.

　대부분의 경우 창업의 시작은 간이과세 사업자가 유리하나 꼭 일반과세 사업자로 시작해야 하는 경우가 있습니다.
　김 사장님은 9월에 프랜차이즈 테이크아웃 커피전문점을 시작하였습니다. 가맹비, 인테리어비용, 시설비용으로 프랜차이즈 본사에 6,600만원을 주고 세금계산서를 받았습니다. 오픈을 하고 보니 생각 외로 매출이 나오지 않았습니다. 한 달 평균 매출이 550만원 발생하였는데, 지출은 매월 임대료 165만원, 공과금 55만원, 재료비 110만원이 지출되었습니다.

　위의 상황일 경우 다음해 1월 부가가치세 신고를 김 사장님이 일반과세 사업자로 가정하여 계산해 보겠습니다.
　9월~12월 총매출: 550만원 × 4개월 = 2,200만원
　9월~12월 총매입: 초기투자비용 6,600만원 + (임대료 165만원

× 4개월 = 660만원) + (공과금 55만원 × 4개월 = 220만원) + (재료비 110만원 × 4개월 = 440만원) = 7920만원

매출세액은 200만원, 매입세액은 720만원이 계산되므로,

부가가치세 = 매출세액 − 매입세액 = 200만원 − 720만원 = − 520만원

김 사장님은 1월 부가가치세신고 후 환급 금액이 520만원 발생하였습니다.

동일한 매입, 매출을 가정하고 최 사장님이 간이과세라면,

매출세액 = 200만원 × 10%(음식점업 종별 부가가치율) = 20만원

매입세액 = 720만원 × 10% = 52만원

부가가치세 = 20만원 − 52만원 = −32만원

간이과세일 경우 32만원 환급금액이 발행하였으나 간이과세는 환급이 안 되므로 0원이 됩니다.

위 사례 같은 경우라면 일반과세로 사업자등록을 하는 것이 유리합니다. 많은 세무관련 책에서 초기 비용이 많이 들어가는 경우에는 일반과세 사업자로 하는 것이 낫다고 하는데, 단순히 초기비용이 많이 들어간 것만으로 판단을 하면 안 됩니다.

위의 경우는 프랜차이즈 본사가 법인이라 무조건 세금계산서를 발행해야 합니다. 매입처, 즉 상대 사업자가 자료 없이

현금으로 싸게 구입할 수 있는 흥정이 되는가를 먼저 판단해야
합니다. 상대사업자가 프랜차이즈 본사처럼 흥정이 불가능한
매입처일 경우, 초기 비용이 많이 발생하였고 예상되는 매출
또한 저조하다면 일반과세 사업자로 시작하는 것이 유리합니다.

개인사업자의
명의 변경

"**친**구 명의에서 제 명의로 사업자를 변경하려고 하는데, 저만 세무서 가서 신청하면 되나요?"

개인사업자는 명의변경이라는 개념이 없습니다. 전 사업주는 폐업을 하고 현 사업주는 신규로 사업자등록을 해야 합니다. 동일한 사업자번호가 유지되면서 대표자만 바뀌는 걸 명의변경이라고 합니다. 개인사업자는 명의변경제도를 이용할 수 없습니다.

두 가지 예외가 있습니다.

1. 대표자의 사망 등으로 상속이 일어나는 경우
- 사업자번호는 그대로 유지하면서 상속인이 대표자로 바뀔 수 있습니다.

2. 명의위장 사업자의 실사업자 과세

• 사업자번호가 그대로 유지되면서 명의상 사업자에서 실제 사업자로 대표자가 바뀝니다. 세무서가 직권으로 처리하는 경우입니다.

최근 배달의 민족 앱의 승계 등을 이유로 동일한 사업자 번호를 이용하기 위해서 편법으로 이용되는 방법이 있습니다. A명의로 운영되는 사업체에 동업계약서를 작성하여 A, B가 공동대표가 됩니다. 그리고 A가 공동대표에서 빠집니다. 그러면 B가 단독대표자가 됩니다.

명의를 빌려주었다가 낭패를 당하는 일이 이따금 있습 니다. 명의를 빌려 주고, 명의자의 소득이 증가함에 따라 국민연금이나 건강보험료의 부담도 늘어가게 됩니다. 사업이 잘못되어서 실제 사업을 한 사람이 세금을 못 내면 사업자 등록상의 명의자(명의를 빌려준 사람)에게 세금이 부과되고, 체납처분도 집행되기에 명의를 빌려줌으로서 생기는 불이익은 생각 외로 큽니다. 불가피하게 명의를 빌려주어야 하는 경우 라면, 관련 내용을 기재한 계약서를 작성하여 공증을 받아 놓으면, 추후 문제가 발생 시 내용을 소명하는 데 도움이 될 수 있습니다.

　세금 체납 시 명의대여자가 자신은 명의만 빌려주었다는 사실을 입증할 수 있으면, 실제로 사업을 한 사람에게 체납 세금을 부과할 수 있습니다. 이를 '실질과세 원칙'이라 합니다. 그러나 문제는 명의대여자가 사업과 전혀 관련이 없다는 사실을 입증하기가 쉽지 않다는 것입니다. 명의대여자가 입증할 수 있는 증빙은 실제 사업자로부터 본인이 실제 사업자임을 인정하는 녹취록, 실제 사업자가 명의 대여자의 체납 세금을 일부 납부한 기록 등을 통해 사실을 인정받은 사례가 있습니다.

　운이 좋아 실질 사업자가 밝혀져서 세금은 내지 않게 되었다 하더라도, 명의대여자는 조세범처벌법에 의해서 처벌을 받을 수 있습니다. 또한 명의 대여 사실은 국세청 전산망에 기록, 관리 되기 때문에 나중에 사업을 하려고 할 때 불이익을 받을 수도 있습니다.

부가가치세 매입세액공제의 빈틈

식당을 운영하는 김 사장님은 G마켓에서 주방용품을 본인의 신용카드로 구매하였습니다. 홈택스를 통해서 부가가치세 신고 시에는 사용한 사업자카드번호/매입처의 사업자번호/공급가액을 기록합니다.

카드내역조회를 해보면 구입한 사업자가 이베이코리아 (G마켓)로 확인됩니다. 그러므로 당연히 이베이코리아의 사업자 번호가 기록되어 있습니다. 그런데 신고 시에는 이베이코리아의 사업자번호를 적는 것이 아니고, 구매한 원래 사업자의 사업자 번호를 기재해야 합니다.

- 저자 – "만약 홈택스에 등록된 카드이고 공제로 처리되어 있으면 매입세액공제를 받으면 되는 건가요?"
- 세무공무원 – "네. 사업에 관련한 지출이면 그냥 공제를

받으면 됩니다."
- 저자 - "그러면 이베이코리아로 사업자번호가 기록되어 있을 터인데 상관이 없나요?"
- 세무공무원 - "그럴 경우라면 그에 해당하는 소명용 증빙을 갖추어 놓으세요."
- 저자 - "그럼 원래 사업자번호를 적을 수 없으니 그냥 홈택스를 통해 매입세액공제를 받고 추후 만약에 소명 요청이 들어오면 소명을 하면 된다. 이렇게 이해를 하면 되는 건가요?"
- 세무공무원 - "네. 맞습니다."

원칙은 인터넷을 통해서 중간 판매자(네이버쇼핑, 11번가, G마켓, 쿠팡 등)로부터 매입을 할 때는 원 판매자의 사업자번호를 기입하여 부가가치세 매입세액공제를 받아야 합니다. 그런데 홈택스에 등록된 신용카드라면, 불러오기를 통하여 매입세액공제를 받을 경우에는 원 판매자의 사업자번호를 기입하는 것이 불가능하므로 그냥 매입세액공제를 받으라는 것입니다.

혹시나 소명요청이 들어올 경우에 대비하여 관련 증빙(인터넷 캡쳐 사진 등도 괜찮음)은 갖추어 놓아야 합니다.

세무 공무원과 홈택스에 등록한 신용카드 매입세액공제

관련 여부에 대하여 통화를 하다 느낀 점은, 개인사업자의 부가가치세의 매입세액공제 확인은 굉장히 허술하다는 것입니다. 굳이 시시콜콜한 것까지는 확인 자체를 안 한다는 느낌도 받았습니다.

사업자 본인의 신용카드로 하는 매입 역시 사업에 관련된 지출이라면 적격증빙 입니다.

홈택스를 통해 직접 신고를 해보신 분이라면 번거로운 경험 다들 해보셨죠? 건별로 카드번호를 입력해야 하고 매입처 사업자번호를 입력해야 하고 공급가액을 입력해야 합니다. 홈택스 직접 신고를 좀 더 편안히 하려면 매입이 빈번한 거래처는 동일한 신용카드로만 결제를 하면 건건히 입력할 필요가 없고 그냥 합계 금액을 기록하면 됩니다.

A 마트에서 1~6월간 총 매입금액이 3,300,000원이고 총 24번 결제를 하였다면, 아래처럼 홈택스 상에서 입력하면 됩니다.

신용카드번호	거래처사업자번호	건수	공급가액 (매입액)	비고
5555 6666 7777 8888	123-45-6789	24건	3,000,000원	

그런데 동일한 거래처에서 신용카드를 각기 다른 카드를 사용하였다면, 일일이 입력을 해야 하니 많이 번거로워 집니다. 부가가치세 홈택스 신고를 조금 더 편하게 이용하려면 동일한 거래처에서 매입이 빈번하다면 동일한 신용카드를 사용하세요. 그러면 건당 일일이 입력을 안 해도 되고, 합산하여 한 번에 처리할 수 있어 편리합니다.

할인율이 큰 데도
적격증빙을 받아야 하나?

"**일**반과세자에 배달음식점 오픈 예정입니다. 주방 설비를 구매하려고 하는데 현금으로 사면 할인을 해준다고 합니다. 그런데 주위에서 듣기론 부가가치세 조기환급 신고를 하면 부가세 10% 환급이 된다고 들었습니다. 나중에 연말정산 걱정도 됩니다. 매입세금계산서를 발행 받는 게 나은 가요? 아니면 현금으로 싸게 사고 할인 받는 게 나은가요?"

먼저 개인사업자는 연말정산을 받는 것이 아니고 부가가치세 신고 시 매입세액공제를 받고, 종합소득세 신고 시 필요 경비처리를 하는 것입니다. 일반과세 사업자는 적격증빙을 수취해야 합니다. 즉 매입세금계산서를 받아야 합니다.

그런데 만약 할인 폭이 크다면?

　세무는 숫자로 표현됩니다. 세무 공부를 조금만 하여도 계산이 가능하다는 소리입니다. 위 질문은 할인율을 표시하지 않았기에 정확한 답을 할 수가 없습니다. 나름대로 가정을 하고 답을 해보겠습니다. 주방설비 구입 가격이 11,000원, 종합소득세 세율을 6%라고 가정을 하고 계산을 해보겠습니다.

　부가가치세 매입세액공제 금액은 1,000원 (11,000원 ÷ 11)이 계산됩니다.

　종합소득세 비용처리 되는 금액은 10,000원 × 6% = 600원이 계산됩니다.

　이렇게 세무적으로 공제된 금액은 둘을 더하면 1,600원이 됩니다.

　만약 현금 구매 할인율이 10%라면?

　11,000 × 10% = 1,100원

　현금 구매 할인율이 20%라면?

　11,000 × 20% = 2,200원

　답이 되었나요?

　10%를 할인 받는 경우에는 세금계산서를 받아야 하고,

20%를 할인 받는 경우에는 세금계산서를 받지 않고 싸게 사는 것이 계산상으론 득이 됩니다. 할인율이 크다면 일반과세 사업자라도 현금을 주고 싸게 사는 것이 득이 될 수 있습니다.

세무문답은 단순히 모호한 질문으로는 정확한 답을 줄 수가 없습니다. 일반과세자인데 현금 주고 싸게 살까요? 아니면 매입계산서를 받을까요? 사실에 기초한 상세한 정황 없이는 제대로 된 답을 줄 수가 없습니다.

경유와 LPG만
부가가치세 매입세액공제가
가능한가요?

"**차**량 유류비의 매입세액공제 경유, LPG만 가능하고
휘발유는 불가능한가요?"

부가가치세 매입세액공제를 받을 수 있는 유류의 종류가 부가
가치세법상 별도로 규정되어 있지는 않습니다. 해당 차량이 부가
가치세 매입세액공제가 가능한 차량인 것인가가 중요합니다.
부가가치세 매입세액공제가 가능한 차량은 경차, 화물차, 9인승
이상의 승합차입니다.

그런데 차량을 영업용으로 사용할 경우는 차종에 상관없이
부가가치세 매입세액공제가 가능합니다. 영업용이라는 뜻은

택시운송업이나 렌트카업 등과 같은 운수업이나 승용차 판매, 대여업 등과 같이 승용차가 직접 자기사업의 목적물이 되는 것을 말합니다.

예를 들어 택시운송업을 하는 사업자가 5인승 승용차를 구입한 경우, 차종은 부가가치세 매입세액공제가 되지 않는 차종이나 차량을 영업용으로 사용하므로 부가가치세 매입세액공제가 가능합니다. 부가가치세 매입세액공제를 받을 수 없는 차량이더라도 차를 사업에 관련해서 사용했다면 종합소득세 필요경비 처리는 가능합니다.

"현재 타고 다니는 승용차를 개인 리스로 구입하여 사용하고 있습니다. 개인사업자를 낼 생각인데 현재 타고 다니는 승용차도 비용처리가 가능한가요?"

사업자등록을 발급 받은 후 리스 회사에 사업자등록번로로 세금계산서를 발급해 달라고 하면 됩니다. 차를 업무용으로 사용한다면 업무용 승용차로 비용 처리(종합소득세 신고 시)가 가능합니다.

2016년 개정된 세법으로 자동차의 감가상각을 의무화하여

800만원을 초과하는 감가상각은 이월하여 비용처리를 할 수 있습니다. 승용차 가격이 4,000만원이라면 5년 동안 800만원씩 비용으로 처리가 가능합니다.

만일 차량 가격이 8,000만원이라면 10년 동안 800만원씩 비용처리가 됩니다. 운행일지를 작성하지 않는 경우라면 유류비, 수리비 등에 대해서는 연간 200만원 한도로 비용처리가 가능합니다. 운행일지를 작성하는 경우에는 200만원 이상의 금액도 처리가 가능합니다. 운행일지에는 거래처 방문 등의 사유, 주행거리, 일자 등을 작성해 두어야 합니다.

"회사 출·퇴근용으로 사용해도 비용처리가 가능한가요?"

출·퇴근 용도도 사업용 차량을 사용한 것으로 인정을 받습니다.

해외사이트에서 물건을 사고
해외사이트로 물건을 팔 때의 세금처리

    쇼핑몰에서 물건 판매를 하고 있고, 물건의 대부분은 해외쇼핑몰에서 매입한 제품입니다. 해외쇼핑몰에서 매입한 내역도 부가가치세 매입세액공제가 가능한가요?"

    해외쇼핑몰에서 구입한 물건은 정식 수입을 하지 않은 이상 부가가치세가 포함되어 있지 않기 때문에 부가가치세 매입세액공제는 불가능합니다. 단 종합소득세 신고 시 필요경비처리는 가능합니다.

    "만약 국내 생산된 제품을 해외 사이트에 판매하는 경우에는 어떻게 처리가 되나요?"

    국내 생산된 제품은 당연히 매입세액공제가 가능합니다. 1장에서 얘기했듯이 해외 사이트에 판매하는 경우라면 영세율 적용대상이 됩니다.

　해외 사이트 판매의 경우에는 수출 실적 증명서 등이 없는 직접 수출로 분류되며, 해외 발송 시 받는 우체국 발송 영수증, 해외 판매 사이트에서 정산 받은 자료, 외화 입금 자료 등이 증빙 자료가 됩니다.

배달의 민족에서 일으킨 매출의 세금처리법

최근 들어 업종상 대행업체(배달의 민족, 11번가. 쿠팡 등)를 통한 온라인 및 모바일 매출이 많아졌습니다. 대행업체를 통해 발생한 매출을 신고를 해야 하나, 한다면 어떻게 해야 하나를 고민하는 질문들이 많아졌습니다.

배달의 민족을 예를 들어 보겠습니다. 배달의 민족 사장님 사이트에 들어가 보면 부가가치세 신고 자료가 아래와 같이 조회됩니다.

• **건별매출**

바로 결제 결제수단으로 결제한 금액 (네이버페이, 휴대폰, 배민페이. 쿠폰, OK캐쉬백, 카카오페이, 회원포인트 결제, L.POINT 등)을 말합니다.

- **카드매출**
  실제 카드로 결제 한 금액 (신용카드 결제)을 말합니다.
- **현금매출**
  사업장 대표자 명의로 발행된 현금영수증 매출 (간단계좌결제,
  토스 결제 등 현금영수증 발행을 요청한 금액, 홈택스 현금영수증
  매출과 일치)을 말합니다.

건별매출은 부가가치세 신고 시 기타 매출로 신고를 하면
됩니다. 현금매출은 국세청의 현금영수증 매출 조회내역에 포함
되므로 중복으로 신고 되지 않게 주의하여야 합니다.

"만나서 결제 매출은 어떻게 되는 건가요?"

만나서 결제 매출은 배달의 민족에서 제출한 부가가치세 신고
자료에 포함되지 않습니다. 고객에게서 상품 결제를 받은 방법
(신용카드, 현금영수증 등)에 따라 별도로 관리하여 신고해야
합니다. (배민라이더스 만나서 결제 매출은 부가가치세 신고
자료에 포함되어 있습니다.)

홈택스에 등록한
신용카드 공제, 불공제의 변경

홈택스에 사업자카드를 등록하면 부가가치세, 종합소득세 신고 시 간단한 조회만을 통해 신고를 마칠 수 있는 장점이 있습니다. 사업자카드는 카드사나 금융기관에서 따로 발급받는 것이 아닙니다. 사업자 명의의 모든 신용, 체크카드를 홈택스 상에 등록을 하면 사업자카드라고 칭합니다.

• 홈택스에서 사업자카드를 등록하는 방법
조회/발급 → 현금영수증 → 사업용 신용카드

사업자 명의로 된 신용, 체크카드를 최대 50장까지 등록할 수 있습니다. 사업자가 지출할 때 받은 증빙은 원칙적으로 5년 동안 보관해야 하나 사업자카드의 경우에는 사용 내역이 국세청에 자동 보관되므로 이를 보관하지 않아도 됩니다.

"홈택스에 등록한 사업자 카드는 사업 관련으로만 사용하였습니다. 공제대상으로 표기된 것만 부가세 매입세액공제가 되는 건가요? 국세청에 문의를 하려고 전화를 했는데 계속 통화 중입니다. 공제, 불공제 그냥 무시하고 다 신고해도 될까요?"

사업과 관련된 지출이라는 전제하에 설명하겠습니다. 홈택스는 과세, 비과세를 걸러냅니다. 면세사업자로부터 발생한 비용은 당연히 비과세라 불공제로 표기가 됩니다.

상대사업자가 간이과세 사업자일 경우도 불공제로 표기가 됩니다. 만일, 음식점을 하는 사장님이라면 야채나 고기 등과 같은 면세 구입 품목 중 불공제로 표기가 되어있더라도, 의제매입세액 공제를 받으면 됩니다. 그러한 이유로 홈택스에 카드 등록을 하였다 하더라도 공제, 불공제를 한 번 더 체크하여야 합니다.

"식당을 운영하고 있습니다. 사업장의 전기요금도 부가가치세 매입세액공제가 가능하다고 알고 있습니다. 사업자 명의전환 신청을 하지 않고 전기요금을 사업주 명의의 신용카드로 결제를 하였는데 부가가치세 매입세액공제가 가능한가요?"

위와 같은 경우도 적격 증빙이므로 부가가치세 매입세액 공제가 가능합니다. 전기요금 같은 공과금등은 사업자 명의 전환 신청을 하면 매달 전자세금계산서가 발급되므로 사업자 명의 전환을 하는 것이 바람직합니다.

"홈택스에 등록한 신용카드로 결제를 하였는데, 자동으로 공제가 되는 건가요?"

홈택스는 1차적으로 상대방의 과세유형을 보고 걸러냅니다. 홈택스 프로그램이 완벽하게 공제, 불공제를 걸러내지는 못합니다. 그러므로 홈택스에 등록한 신용카드로 결제를 하였다고 해도 공제여부 확인은 필수입니다. 만약 불공제로 표시되었다면 위와 같은 경우에는 공제로 변경 후 부가가치세 매입세액공제를 받으면 됩니다.

적격증빙을 수취하였음에도
매입세액공제를 받을 수 없는 경우

“**사**업의 특성상 출장이 잦고, 접대비가 많이 듭니다. 비용은 본인 신용카드를 사용하여 적격증빙을 수취하였습니다. 이런 것들은 부가가치세 매입세액공제가 가능한가요?”

접대비, 교통비, 비영업용 소형 승용차 등의 구입, 임차, 유지비 등은 조세 정책적으로 매입세액공제가 되지 않습니다. 아래에 다시 정리해 볼게요.

• 조세 정책적으로 매입세액공제를 받지 못하는 경우
　　1. 접대비 및 이와 유사한 비용의 매입세액
　　2. 교통비 등 영수증 발행업종 관련 매입세액
　　3. 비영업용 소형 승용차의 구입과 임차 및 유지에 관한 매입세액
　　4. 간이과세자나 면세사업자로부터 매입한 것

상대사업자가 간이과세 혹은 면세사업자일 경우에는 부가가치세 매입세액공제를 받을 수 없습니다.

"그럼 상대사업자의 과세유형은 어떻게 확인 가능한가요?"

신용카드 매출전표로 매입세액을 공제를 받기 위해서는 상대사업자가 일반과세 사업자이어야 합니다. 홈택스에서 '사업자등록상태조회'를 클릭하면 상대사업자의 과세유형이 확인이 가능합니다.

2010년 7월 1일 이후부터 일반과세 사업자는 신용카드 매출전표에 공급가액과 세액을 구분하여 표시하도록 부가가치세법 시행령을 개정한 사실은 있으나, 위반할 경우 가산세 조항은 없습니다.

배달대행업체의
꼼수

"배달대행 요금이 4,400원이면 400원이 부가가치세 매입
세액공제가 되는 것 아닌가요? 배달대행업체에서
현금영수증(사업자번호 지출증빙)을 매번 끊었는데, 홈택스
에서 조회해 보니 아래와 같이 18원 밖에 매입세액공제가 되지
않았네요. 4,400원에 매입세액공제 되는 금액이 18원?"

현금영수증 내역 누계조회 (홈택스)

상호	공급가액	부가세	봉사료	매입금액	승인번호
A 대행	182	18	4,000	4,200	619006464
A 대행	182	18	3,500	3,700	619007392
A 대행	182	18	4,200	4,400	619008393
A 대행	182	18	3,500	3,700	619008490
A 대행	182	18	3,500	3,700	619008899

사업자와 거래를 하기 전에 반드시 거쳐야 할 과정이 부가 가치세 포함 가격이 어떻게 되는가를 확인하는 것이 필수 입니다.

위 홈택스 화면으로 보면 배달대행업체에서는 한 건당 대행기사에게 200원의 수수료를 지급 받는 것으로 보입니다. 배달대행업체는 수수료(200원)를 제외한 나머지 금액을 봉사료로 처리하여 배달대행 기사의 수당으로 지급을 하는 것 같습니다. 배달대행업체에 현금영수증으로 적격증빙 처리를 하는 사장님들은 홈택스에서 꼭 조회해 봐야 할 것 같습니다.

위의 경우에는 건당 부가가치세 매입세액공제는 18원이고, 종합소득세 경비 처리는 매입금액에서 18원을 차감한 금액 182원이 됩니다.

공동명의로 상가 구입, 대출이자의 경비처리

부동산 임대를 위해 공동명의로 부동산 취득 시 은행에서 빌린 대출에 대한 이자는 필요경비로 인정이 되지 않습니다.

그 이유는 공동사업자의 경우 대출금이 실제로는 부동산 취득자금의 용도로 사용되더라도 법률상으로는 대출금은 공동사업자가 공동임대사업을 위하여 각자의 지분비율에 따라 공동사업장에 출자하여야 할 출자금이 부족하여 대출을 받은 것으로 보기 때문입니다. 출자를 위한 대출이지 부동산의 공동임대사업 자체와는 무관한 부채라고 보기 때문입니다.

사례를 하나 들어보면, 중소형 빌딩을 매입하는데 7억원의 대출이자로 4.3%를 납부한다고 가정하면,

7억원 × 4.3% = 30,100,000원,

종합소득세 세율 적용을 15%라고 가정하면

30,100,000 × 15% = 4,515,000원

물론 세율이 더 높아지면 경비 처리를 못 하는 금액이 더 커지겠죠.

"공동명의 빌딩 매입 시 대출이자 비용 처리는 전혀 불가능한 것일까요? 어떤 세무대리인들은 영업 비밀이니까 상담료를 지불하면 가르쳐 준다고 하네요."

그 방법은 부동산 매매계약서를 작성하기 전에 동업계약서를 작성하면 됩니다. 동업계약서에 공동경영, 지분율, 각자의 출자금을 명시하고 계약금 또는 계약금과 중도금은 각자의 출자금으로 충당하며 나머지 취득자금은 임대보증금과 대출금으로 지급하는 내용을 기재해야 합니다. 또한 대출금 지급이자는 공동명의 건물의 임대수입에서 지급하기로 한다는 내용도 꼭 명시해야 합니다.

건물주의 미납세금,
보증금 날린 사업자

부동산 임대차 계약을 할 때 세입자로서 집주인의 체납 사실을 확인할 필요가 있습니다. 국세 채권의 우선 순위에서 본인의 보증금이나 전세금이 밀릴 수 있기 때문에 공인중개사에게 납세증명서를 꼭 요구할 필요가 있습니다.

많은 공인중개사들은 집주인의 세금 문제는 개인적인 문제라고 생각하는 경향이 있어서 대체적으로 납세증명서를 요청하지 않는 것이 현실입니다. 국세 체납은 등기부등본상에 나오지 않습니다. (압류, 가압류 진행이 되지 않았을 경우)

본인의 재산은 본인이 지켜야 합니다. 누가 대신 해주길 바라지 말고 언제 어떻게 발생할지 모르는 세금 사고를 방지하기 위해 스스로 챙겨야 합니다. 공인중개사 분들도 납세증명서 확인 과정을 추가하면 꼼꼼하고 치밀함이 돋보이는 전문가로서 인정받을 수 있지 않을까 생각합니다.

미납국세열람제도란 임대차 계약 전에 집주인의 동의를 얻어 집주인의 미납 국세 등을 확인할 수 있도록 한 제도입니다. 이 제도는 임대차 계약 시 중요한 전세보증금과 관련되어 있습니다. 등기부등본 등을 통해 근저당의 설정 유무의 확인 후 문제가 없다고 판단하여 임대차 계약을 완료 후 전입을 하였는데 임대인이 체납 세금이 많이 있어서 압류 등이 시작되고 그에 따라 공매가 진행된다고 가정할 경우, 체납 국세의 법정 기일이 전세 보증금보다 앞서게 되면 선순위 근저당이 엇더라도 보증금의 전액을 받지 못할 수도 있습니다.

그 이유는 세금이 우선 순위이기 때문입니다. 하물며 세금 체납으로 해당 부동산이 공매에 넘어간 경우는 당연히 세금을 먼저 처리하므로 전세보증금은 자동으로 후순위로 밀려 납니다.

세금 체납 부분은 등기부등본에 나오지 않기 때문에 알 수가 없습니다. 그러기에 임차인은 계약을 하기 전 임대인의 세금 체납 유·무를 확인해야 합니다. 양식은 민원24 홈페이지에서 다운 받을 수 있습니다. 상단 검색창에 미납국세라고 입력하면

그 양식지에 맞게끔 작성하여 부동산 소재지 관할 세무서에서
확인할 수 있습니다.

회계 사무실은
1년 동안 계속 바쁘기만 할까?

우 연찮은 기회에 회계 사무실 직원을 만나서 그들의 일정과 속사정을 들어볼 수 있었습니다. 그들은 '3대 세법'이라는 표현을 씁니다. '3대 세법'이란 부가가치세, 소득세, 법인세를 말합니다. '3대 세법'을 사업자를 대신해서 일정의 수수료를 받고 세금신고를 대행해 주는 곳이 회계 사무실입니다.

처음 입사한 직원의 연봉은 2,000만원이 되지 않는다고 합니다. 생각보다 박봉입니다. 그럼에도 회계 사무실에 그들이 취업을 하려고 하는 이유는 3년 이상 근무한 경력이 추후 일반기업체의 관리자급으로도 충분히 가능하기에 박봉임에도 입사를 한다고 합니다.

•1월은 부가가치세 신고,

- 2월은 면세사업자 현황 신고, 연말정산 관련,
- 3월은 법인세 마감,
- 4월은 조금 여유가 있어 3~5일 정도 휴가를 준다고도 합니다.
- 5월이 되면 종합소득세 신고로 야근은 기본이라고 합니다.
- 6월은 아주 한가하여 7주일 정도 휴가를 준다고 합니다.
- 7월은 부가가치세 신고,
- 8~9월은 아주 아주 한가하다고 합니다.
- 10월은 부가가치세 예정신고로 25일 전후 며칠만 조금 바쁘다고 합니다.
- 11~12월은 아주 한가하다고 합니다.

6개월은 퇴근 시간도 없이 열심히 일을 하고, 한가한 6개월은 고생한 달의 보상이라고 표현합니다. 그들은 회계 사무실을 기장공장이라고 표현을 합니다. '가라경비'라는 단어를 제일 많이 쓴다고도 합니다.

저는 세무대리인을 '알고 부려라'라는 표현을 자주합니다. 하나의 회계 사무실이 많은 거래처를 관리합니다. 사람이 하는 일이라 실수는 무조건 생기게 마련입니다. 실수는 고스란히 사업자의 세금으로 돌아옵니다.

세무대리인을 쓰더라도 신고 전 검증은 필수입니다. 검증을 하기 위해서라도 세무 공부는 필수입니다.

배움이 인생을 바꾸기도 합니다.

-

이 말은 '학교 공부를 열심히 하면 좋은 대학에 갈 수 있다.'든가 '자격증을 따면 좋은 직장에 들어간다.'는 걸 말하는 게 아닙니다. 어떤 지식을 배워서 머릿속에 담아두고 활용하는 기술은, 살아가면서 매우 요긴하게 쓰입니다. 지식이 있으면 피할 수 있는 불행이 제법 많이 있습니다.(긍정적인 의미로 → 지식이 있으면 불행을 피할 수 있는 방법이 많이 있습니다.가 어떨까요?) 지식은 인생을 살아가는 데 유용한 큰 무기로, 지식이 많을수록 유리하게 살아갈 수 있습니다.

세금 공부도 마찬가지입니다. 각 세금의 계산법 정도만 알고 있어도 많은 세금을 아낄 수 있습니다. 세무 공부는 반드시 필요합니다. 선택의 문제가 아니고 필수적으로 해야 하는 것입니다.

초창기 창업 비용을 제외하고 가장 큰 지출이 세금이라고 합니다. 이렇게 큰 지출임에도 많은 사장님들이 어렵다는 핑계로 세무 공부를 모르는 척 해버립니다.

'그냥 전문가에게 맡겨.'

단순히 맡긴다고 될까요?

회계사무실을 찾아가도 얼굴을 보기가 힘든 세무사, 전화 통화도 힘들고, 우리 업체를 담당하는 직원과만 통화를 하는 것이 현실입니다. 그 직원은 언제나 자료만을 요구합니다. 무슨 자료를 어떤 방식으로 챙겨야 한다는 자세한 설명도 없습니다. 간혹 설명을 해도 전문가들의 언어이니 알아듣기도 힘이 듭니다. 과연 그들이 알아서 잘 해주는지 확인을 할 방법도 없습니다.

안정적으로 사업체를 운영하려면 세무에 대한 지식은 필수입니다. 세금은 지출이 큰 금액이기에 신고 전에 미리 부가 가치세, 종합소득세 등을 계산해보고 준비해야 자금 운영에 차질이 생기지 않습니다.

초보창업자들은 부가가치세나 종합소득세에 대한 사전 지식이 전무합니다. 사전 지식 없이 사업체를 운영하다보면 유동성 위기에 빠질 수도 있습니다. 세금은 사후적으로 신고 기간에 챙기는 것이 아닙니다. 평소에 관심을 가지고 미리 관리를 해야 하는 분야입니다. 딱 이만큼만 알고 있으면 됩니다.

최근 개인사업자의 회계에 관해서도 알기 쉽게 집필을 하고 있습니다. 개인사업자의 회계는 경영 활동을 화폐 단위로 기록, 계산, 정리, 보고, 보관하여 관리하는 것입니다. 쉽게 생각하면 '돈 관리'입니다.

사업주는 돈의 움직임을 파악하는 것이 중요합니다. 더불어 사업주는 세금을 계산해 신고할 법적 의무가 있습니다. 세무 대리인을 고용하더라도 영수증을 정리하고 이를 장부에 기록 하는 것은 사업주가 해야 할 일입니다. 숫자에 약하다거나 바쁘 다는 핑계로 장부를 기록하지 않는 것은 자사의 상태를 파악 하지 않아도 된다는 것과 맥을 같이 합니다.

개인사업자의 세금 신고와 회계 상식이 필요하지 않은 간편 장부의 기록은 수학 실력이 필요한 것이 아니라 산수를 할 줄 아는 능력만 있으면 됩니다. 그러므로 누구나 충분히 가능합니다.

만약 복식부기의무자라면 회계 상식 없이는 재무제표 작성이 힘들 수도 있습니다. 그럼에도 재무제표를 읽을 정도의 능력은 반드시 필요합니다. 세무대리인이 작성한 재무제표를 읽을 줄 알아야 틀린 부분도 찾을 수 있습니다. 그들도 사람이기에 실수는 늘 생기는 법입니다. 틀린 부분을 바로 잡는 것, 이것이 세무대리인을 알고 부리는 것입니다.

사장님의 절세를 응원합니다.